AF540029

सन्ताल हूल

सन्ताल-विद्रोह : 1854-55

डॉ. रामदयाल मुंडा जनजातीय कल्याण शोध संस्थान, राँची

सन्ताल हूल

सन्ताल-विद्रोह : 1854-55

(सिदो, कानू, चाँद और भैरव का आन्दोलन)

डॉ. एस.पी. सिन्हा

सम्पादक

रणेन्द्र

मोनिका रानी टुटी

राकेश रंजन उराँव

अमृता प्रियंका एक्का

राजकमल प्रकाशन

ISBN : 978-93-6086-768-3

मूल्य : ₹395

© डॉ. रामदयाल मुंडा जनजातीय कल्याण शोध संस्थान, राँची

पहला संस्करण : 2024

प्रकाशक : राजकमल प्रकाशन प्रा. लि.
1-बी, नेताजी सुभाष मार्ग, दरियागंज
नई दिल्ली-110 002
शाखाएँ : अशोक राजपथ, साइंस कॉलेज के सामने, पटना-800 006
पहली मंजिल, दरबारी बिल्डिंग, महात्मा गांधी मार्ग, प्रयागराज-211 001
1, अनमोल सोराबजी सन्तुक लेन, धोबी तलाव, मरीन लाइंस, मुम्बई-400 002
वेबसाइट : www.rajkamalprakashan.com
ई-मेल : info@rajkamalprakashan.com

मुद्रक : बी.के. ऑफसेट
नवीन शाहदरा, दिल्ली-110 032

SANTAL HOOL
Santal-Vidroh : 1854-55
by Dr. S.P. Sinha
Edited by Ranendra, Monika Rani Tuti, Rakesh Ranjan Oraon,
Amrita Priyanka Ekka

इस पुस्तक के सर्वाधिकार सुरक्षित हैं। प्रकाशक की लिखित अनुमति के बिना इसके किसी भी अंश को, फोटोकापी एवं रिकॉर्डिंग सहित इलेक्ट्रॉनिक अथवा मशीनी, किसी भी माध्यम से, अथवा ज्ञान के संग्रहण एवं पुन :प्रयोग की प्रणाली द्वारा, किसी भी रूप में, पुनरुत्पादित अथवा संचारित-प्रसारित नहीं किया जा सकता।

सन्ताल हूल

सन्ताल-विद्रोह : 1854-55

क्रम

भूमिका

स्वतंत्रता-संग्राम में शहीद हुए अपने बहादुर नायकों को याद करना किसी भी राष्ट्र के लिए एक गौरव की बात है। हम अपना बयालीसवाँ गणतंत्र-दिवस मना रहे हैं, 1855 में सन्ताल-विद्रोह के माध्यम से स्वतंत्रता-संग्राम की चिनगारी जलाने वाले सिदो, कानू और उनके भाइयों, चाँद और भैरव जैसे राष्ट्र-नायकों पर लिखी पुस्तक के विमोचन के माध्यम से उन्हें श्रद्धांजलि अर्पित करने का यह सबसे उपयुक्त समय है। सिदो, कानू और उनके भाइयों का विद्रोह ब्रिटिश शासन के खिलाफ था, जिसका मकसद गुलामी और दासता की जंजीरों को तोड़कर अपना राज (अबुआ राज) कायम करना था। यह विद्रोह सन्ताल हूल (1854-55) के नाम से प्रसिद्ध है। यह विद्रोह महाजनों, ठेकेदारों, जमींदारों और सबसे ज्यादा ब्रिटिश पुलिस और अधिकारियों के शोषण और असमानता के खिलाफ सन्तालों के रोष का सम्पूर्ण प्रदर्शन था।

ऐसे समय में जब हम सिदो और कानू के नामों पर विश्वविद्यालय खोलने पर विचार कर रहे हैं, उन पर लिखी गई इस किताब को प्रकाशित करने के लिए पुस्तक के लेखक डॉ. एस.पी. सिन्हा को बधाई दी जानी चाहिए। मुझे खुशी है कि इस किताब के जरिये लोग हमारे महान देशभक्त, शहीद सिदो और कानू के जीवन और उनकी

बहादुरी के किस्सों से अवगत होंगे। मैंने डॉ. सिन्हा से इस किताब का हिन्दी संस्करण लाने का अनुरोध किया है, ताकि इस विद्रोह और इससे जुड़े नायकों की कहानियाँ आम जन तक पहुँच सकें।

मैं यह पुस्तक अमर शहीद सिदो, कानू, चाँद और भैरव की स्मृतियों को समर्पित करता हूँ।

—करम चन्द भगत

परिचय

मौजूदा समय में आजादी के लिए लड़ने वाले सेनानियों की वीरता का उत्सव मनाने पर बहुत जोर दिया जा रहा है, ऐसे समय में उपयुक्त होगा कि हम आदिवासी विद्रोहों के उन अमर शहीदों को भी याद करें जो सही मायने में ब्रिटिश विरोधी थे, जिनका मकसद गुलामी और दासता की जंजीरों को तोड़कर अपना राज (अबुआ राज) कायम करना था। यह ऐतिहासिक तथ्य है कि छोटानागपुर और सन्ताल परगना के पूरे क्षेत्र में आदिवासियों ने पहाड़ियों और घने जंगलों के अपने गढ़ में अंग्रेजों को कभी भी चैन से नहीं रहने दिया। इसमें कोई शक नहीं कि वे ईस्ट इंडिया कम्पनी की शासन-व्यवस्था से असन्तुष्ट थे। इतिहास साक्षी है कि जब मैदानी और सभ्य शहरी इलाकों में उदारवादी नेता ब्रिटिश शासन को 'ईश्वर का आदेश' समझते थे, उसी दौरान अपने पहाड़ी इलाकों में आदिवासियों के विचार इसके ठीक उलट थे। उपलब्ध जानकारी से पता चलता है कि भारत में अंग्रेजों का शुरुआती दौर बेहतर नहीं था। ब्रिटिश अधिकारियों ने गाँवों को आग लगाने; लूटपाट करने; बूढ़ों, जवानों, पुरुषों और महिलाओं का नरसंहार करने जैसे असभ्य और क्रूर तरीकों से समय-समय पर होने वाले विद्रोहों का दमन किया।

ऐसा ही एक विद्रोह सन्तालों का था। तत्कालीन शोषण, असमानतापूर्ण व्यवस्था और अंग्रेजों की दासता के तले कराह रहे अपने लोगों के मुक्तिदाता के रूप में चार भाई सिदो, कानू, चाँद और भैरव सामने आए। इस विद्रोह को सन्तालों के महान हूल (1854-55) के नाम से जाना जाता है।

सन्ताल हूल की घटना का मार्शमैन, व्हीलर्स, हंटर, ली वार्नर, बकलैंड, ब्रैडली बर्ट, एलएसएसओ मैली, सर एच. वीनी लोवेट, मैक फरसन, गौरिहार मित्रा, दिगम्बर चक्रवर्ती, के.के. दत्त, एल. नटराजन, अब्दुल्लाह रूसू, सी.एच. कूमर, उमाशंकर प्रसाद, तारापद रे और अन्य के प्रसिद्ध लेखन-कार्यों में जिक्र किया गया है। 1885 से 1898 के बीच तेरह साल तक सन्ताल परगना के डिप्टी कमिश्नर रहे कार्स्टेयर्स द्वारा सन्ताल जीवन पर लिखित बेहतरीन उपन्यास 'हरमाज विलेज' की विषयवस्तु यही थी। रूबेन किस्कू रपज द्वारा सन्ताली भाषा में इसका अनुवाद सन्ताली समाचार-पत्र 'पेरा होर' में सिलसिलेवार तौर से किया गया था। पूरे उत्तर भारत में सन्तालों द्वारा इसे बहुत उत्साह से पढ़ा जाता था। 'कलकत्ता रिव्यू', 'बंगाल पास्ट एंड प्रेजेंट', 'द सर्चलाइट', 'बिहार समाचार', 'आदिवासी', 'होर सबद' जैसी अनेक पत्रिकाओं और समाचार-पत्रों में बहुत लोगों ने लेख लिखे। 1928 के दौरान पंडित बिनोदानन्द झा ने 'सर्चलाइट' में और डोमन साहू समीर ने 'प्रदीप' के स्वतंत्रता विशेषांक (1956) में लेख लिखा। दिवाकर, साहू समीर, भूषण प्रसाद साह आदि छद्म नामों से 'बिहार समाचार', 'आदिवासी' और 'होर संवाद' में लेख प्रकाशित हुए। हूल के बारे में कई लेखकों ने बांग्ला और सन्ताली पत्रिकाओं में अपने-अपने तरीके से लेख लिखा।

समकालीन लेखकों में इस विषय पर 'कलकत्ता रिव्यू' में 1856 व 1860 के दौरान लेख लिखने वाले एक अज्ञात लेखक का जिक्र किया जा सकता है। घटना के बारह साल बाद 1867 में ई.जी. मन ने हूल की वजहों को सार रूप में प्रस्तुत किया। 14 या 15 वर्ष की आयु में सन्ताल हूल में भाग लेने वाले चोटरे देशमांझी ने हूल की घटनाओं के बारे में सजीव ढंग से लिखा है जिसे सन्ताल मिशन

ऑफ नार्दर्न चर्च द्वारा 1938 में प्रकाशित किया था। पी.ओ. बोडिंग इसके पहले सम्पादक थे। डब्ल्यू.जे. कुलशॉ शायद पहले व्यक्ति थे जिन्होंने चोटरे देशमांझी के महत्त्वपूर्ण साक्ष्य का उपयोग किया। बेंगारिया मिशन के अनुभवी सदस्य एल.ओ. स्क्रेफ्सरूड ने कोलियन कल्याण होरम और जूगिया होरम के विवरण को 1928 में प्रकाशित किया। कोलियन होरम और जूगिया होरम ने समकालीन घटनाओं के बारे में लिखा है।

मेरे शिक्षक डॉ. के.के. दत्त पहले व्यक्ति थे जिन्होंने हूल विषय पर पूरा मोनोग्राफ लिखा। इसे 1940 में कलकत्ता विश्वविद्यालय द्वारा उनकी पी.आर.एस. डिग्री के लिए प्रकाशित किया गया था। उन्होंने अपने विशेष लेख में कमिश्नर दुमका और कमिश्नर भागलपुर संभाग, के रिकॉर्ड रूम में संरक्षित अंग्रेजी, हिन्दी, बांग्ला और फारसी के (हूल के) समकालीन दस्तावेजों का उपयोग किया। उन्होंने सन्ताल हूल पर दिगम्बर चक्रवर्ती की किताब का भी उपयोग किया, जो सुरी (बीरभूम) के रतन पुस्तकालय में संरक्षित समकालीन बांग्ला गाथागीत है। यह बांग्ला गाथागीत सन्ताल परगना संभाग में साहेबगंज जिला के राजमहल उपखंड में पंचकठिया के बाजोर चौधरी स्व. बाबू धन कृष्ण रूज द्वारा लिखा गया था। उन्होंने बांग्ला के एक हस्तलिखित गद्य का भी उपयोग किया है, जो मूल रूप से महाराष्ट्र के रहने वाले परिवार के एक सज्जन की आत्मकथा है। यह परिवार देवघर जिले के करुण गाँव में बसा था। इस आत्मकथा में 'सन्ताल आक्रोश' का विस्तृत विवरण है। उन्होंने कुछ समकालीन अंग्रेजी और बांग्ला पत्रिकाओं का भी उपयोग किया है। लेकिन शायद उन्होंने मिशन के अप्रकाशित या प्रकाशित दस्तावेजों पर गौर नहीं किया था जिसमें चोटरे देशमांझी, कोलियन होरोम, जूगिया होरम और अन्य के समकालीन विवरण होने का दावा किया गया था। हो सकता है कि उनके मन में उन लोगों द्वारा दिये गए बयानों की असलियत के बारे में शंका रही हो। निःसन्देह उन्होंने हूल पर विस्तार से अध्ययन किया था, लेकिन हो सकता है बाद में प्रकाश में आई सामग्री उनके द्वारा छोड़ दी गई हों। यह भी सम्भव है कि उन्होंने मार्टिन ओरंस, एन. दत्ता मजुमदार,

जॉन मैकडगल, और एम. यॉर्क की तरह बहुत से स्पष्ट तथ्यों को न देखा हो। इस नजरिये से किसी बाद के लेखक द्वारा उसे ठीक करने की जरूरत थी। यह लेखन उसी दिशा में एक प्रयास है। गेहूँ को भूसे से अलग करने की जरूरत है। यदि इससे किसी नई व्याख्या या निष्कर्ष तक पहुँचा जा सके, तो लेखक को उसके श्रम का पूरा इनाम मिल जाएगा।

ऐसा कहा जाता है कि 1970 के दशक में सिदो-कानू और खासतौर से दिकू की गतिविधियों को मुख्य रूप से अलगाववादी और विरोधी के तौर पर दिखाया गया था। सन्ताल परगना में मेलों के अवसर पर तकरीबन हर बाजार (हाट) में सिदो-कानू और दिकू को प्रतीक के रूप में, बोरे में छुपाए गए केले के तने को युद्ध में इस्तेमाल होने वाली कुल्हाड़ी से काटते हुए दिखाया जाता था। इस तरह से कुछ समूहों द्वारा दिकू के प्रति घृणा का माहौल बनाया गया ताकि राष्ट्रीय जीवन की मुख्य धारा से सन्ताल समुदाय को काट दिया जाए। राजनीतिकों के हितैषी समूहों ने सन्ताल हूल के ब्रिटिश विरोधी रुख को छुपाने की चालें चलीं। अपने राजनीतिक उत्थान के लिए सन्तालों का हर तरीके से इस्तेमाल किया। हालाँकि ऐसा कर पाना मुश्किल था क्योंकि उनके पास केवल सन्तालों को अन्य समुदायों से अलग करने की योजना थी। अगर तथ्य और व्याख्या प्रस्तुत करके ऐसे मिथकों को खंडित किया जा सके तो लेखक को सिदो और कानू के नेतृत्व में सैकड़ों-हजारों सन्तालों और अन्य की देशभक्ति से प्रेरित बहादुराना गतिविधियों और नि:स्वार्थ कुर्बानी को एक बार फिर से मान्यता मिलने का सन्तोष रहेगा। सिदो, कानू और दिकू के व्यक्तित्व को अहंकारी, उन्मादी और हत्यारे के रूप में प्रस्तुत की गई छवि को भारत के प्रथम स्वतंत्रता संग्राम के वास्तविक सूत्रधार के रूप में फिर से स्थापित करना, राष्ट्र-नायक के रूप में उनका सही स्थान देना है। सन्तालों को उनका गौरव वापस मिलना चाहिए, यही इस पुस्तक का उद्देश्य है। अगर इसमें कामयाबी मिलती है, तो यह अध्ययन सही दिशा में किया गया अध्ययन होगा।

सन्ताल हूल की घटना का अध्ययन खेरवार विचार के सन्दर्भ

में किया गया है जो हूल के क्रूरतापूर्वक दमन के बाद भी सन्ताल मस्तिष्क को तकलीफ देता रहता है, इसलिए यह सन्ताल हूल के व्यापक अध्ययन का एक भाग है, जिसे सन्ताल परगना और निकटवर्ती क्षेत्र में खेरवारवाद के अध्ययन के रूप में जाना जाता है।

इस खंड को लिखने का प्रस्ताव भी सिदो और कानू के राजनीतिक जीवन से सम्बन्धित उपलब्ध तथ्यों के आधार पर किया गया है। वास्तव में डॉ. दत्त के काम और इस पेशेवर काम के बीच फर्क यह है कि डॉ. दत्त के अध्ययन का मुख्य बिन्दु विद्रोह और उसका दमन है। जबकि यह अध्ययन हूल से जुड़े जटिल तथ्यों को सामने लाने की बात करता है। यानी यह सिदो और कानू के व्यक्तित्व और उनके नेतृत्व का आकलन करता है और सभी उपलब्ध मानवशास्त्रीय तथ्यों का प्रयोग करते हुए सन्तालों की खेरवार से एकरूपता की पड़ताल और पहचान करता है।

यह अध्ययन सन्ताल देश में प्रचलित सन्ताल व्यवस्था से रूबरू कराता है, साथ ही यह जानने का प्रयास करता है कि इसके प्रति लोगों की प्रतिक्रिया कैसी थी। सिदो और कानू जैसे नेताओं की तरफ लोगों का ध्यान कैसे आकर्षित हुआ। इस बात का प्रामाणिक रूप से मूल्यांकन भी किया गया है कि सिदो और कानू जिस आदर्श के लिए खड़े थे उसे वे किस अंजाम तक ले जा पाए। इस बात की भी चर्चा की गई है कि सिदो और कानू को फाँसी पर लटकाने के बाद खेरवार के उन विचारों का क्या हुआ जो उनके द्वारा प्रतिपादित किया गया था। इसका अध्ययन बिहार के अन्दर और बाहर अन्य जनजातीय विद्रोहों के सन्दर्भ गें व्यापक रूप से करना होगा।

इस अध्ययन की पद्धति मुख्य रूप से पुरालेखीय है लेकिन साक्षात्कार के माध्यम से मौखिक इतिहास जुटाने की जमीनी तकनीक पर भरोसा किया गया है। सन्ताल परिवारों से मुलाकातें की गई हैं और लोक-कथाओं और उनके पूर्वजों से चले आ रहे संस्मरणों को इकट्ठा किया गया है। उनके गाथागीत, लोक-साहित्य और सन्ताली में प्रकाशित और अप्रकाशित विषय-वस्तु का ध्यानपूर्वक अध्ययन किया गया है।

हूल के इस अध्ययन में मदद करने के लिए लेखक कई लोगों का ऋणी है जिनमें कई शिक्षाविद्, नौकरशाह, सन्ताल और गैर-सन्ताल सामाजिक कार्यकर्ता शामिल हैं। खासतौर से वेसलियान विश्वविद्यालय, मिडिल टाउन, कनेक्टिकट के डॉ. मैकडगल का जिनकी 'एगरेरियन रिफॉर्म्स वायस रिलीजियस रिवाइटालाइजेशन द सरदार एंड खेरवार मूवमेंट्स अमंग द ट्राइबल्स ऑफ बिहार, इंडिया 1858-95' थीसिस, हार्वर्ड विश्वविद्यालय से महत्त्वपूर्ण सामग्री मिली। सन्तालों में जनजातीय पहचान (1770-1857) विषय पर सरल और स्पष्ट बातचीत के लिए डॉ. एम.पी. योर्क का भी आभारी हूँ, यह उनके लंदन स्कूल ऑफ ओरिएंटल एंड अफ्रीकन स्टडीज में एम.फिल. के शोध का विषय था। इस संस्थान के निदेशक का ऋणी हूँ जिन्होंने विनम्रतापूर्वक इसे प्रकाशित किया। टी.डब्ल्यू.सी. नायक से मिले प्रोत्साहन के प्रति कृतज्ञ हूँ। डॉ. बी. विरोथम का ऋणी हूँ, जिन्होंने विनम्रतापूर्वक इस किताब का फाइनल प्रूफ पढ़ा।

—डॉ. एस.पी. सिन्हा

बिहार जनजातीय कल्याण अनुसन्धान संस्थान, राँची

अध्याय-1

व्यवस्था जो नाकाम हो गई

अठारहवीं शताब्दी के सातवें दशक में बिहार के जनजातीय क्षेत्र सीधे तौर पर ईस्ट इंडिया कम्पनी शासन के तहत आ गए। हम पाते हैं कि वारेन हेस्टिंग्स और सर जॉन शोर द्वारा स्थापित निरंकुश शासन की परम्परा, छापामारी और लूटमार की गतिविधियों से जीवन-यापन करने वाले पहाड़ और जंगल के निवासियों के लिए यथासम्भव बेहतरीन साबित हुई। शुरुआती ब्रिटिश प्रशासकों कैप्टन ब्रुक, कैप्टन ब्रूने और अगस्टस क्लेवीलैंड की निरंकुशता के तहत लोगों को कोड़े मारने की सजा दी जाती थी, ऐसा इसलिए किया जाता था क्योंकि इस प्रकार उन्हें एक ऐसी प्रशासनिक व्यवस्था विकसित करने में सफलता मिली थी जो सन्तालों को वर्षों से हमलावर पहाड़ी डाकुओं से सुरक्षा प्रदान करने के साथ उन्हें अमन और सुकून प्रदान करती थी। लेकिन क्लेवीलैंड की व्यवस्था तब चरमरा गई जब उसके उत्तराधिकारी उसके द्वारा किये गए उपायों की अहमियत को समझने में असफल रहे। इसलिए एक बार फिर असुरक्षित क्षेत्र के बेचैन लोग अपनी स्थिति को बदलने की नीयत से कुछ करने के लिए तत्पर हो गए। यह बेचैनी सन्ताल हूल के रूप में सामने आई, जो एक विशाल और असमानतापूर्ण व्यवस्था के चरमरा जाने के अलावा कुछ नहीं थी।

बंगाल में भ्रम और अव्यवस्था का राज था। ईस्ट इंडिया कम्पनी को 1769 में प्रान्त के सभी बड़े संभागों में पर्यवेक्षक नियुक्त करना पड़ा। कम्पनी के कार्यभार सँभालने से पहले हथियारबन्द हमलों और इसकी अपनी कमजोरियों के कारण पुरानी व्यवस्था बिखर गई थी। कोई भी नेतृत्व अपने लोगों को सुरक्षा

प्रदान करने की हालत में नहीं था। इसलिए यूरोपीय पर्यवेक्षकों की नई प्रणाली की शुरुआत करनी पड़ी थी। पर्यवेक्षकों को उनके जिले से सम्बन्धित हरसम्भव वित्तीय, सामाजिक और ऐतिहासिक सूचना जुटानी होती थी। उन्हें हर कीमत पर हथियारबन्द डाकुओं के हमलों का दमन करना था। सन्ताल इलाके में नियुक्त एक के बाद एक ब्रिटिश पर्यवेक्षकों, सैन्य गवर्नरों, आयुक्तों, सेजावालों और बन्दोबस्त अधिकारियों ने अस्थिर सन्तालों को हूल के कगार पर पहुँचाने के लिए मजबूर किया।

सन्ताल विद्रोह के दमन के लिए विशेष आयोग की ए.सी. बिडवेल द्वारा प्रस्तुत की गई रिपोर्ट के माध्यम से उस समय वहाँ पर लागू व्यवस्था को अच्छी तरह समझा जा सकता है। उन्होंने तात्कालिक व्यवस्था के काम करने के उन तरीकों का विवरण दिया है जो अन्ततः सन्ताल विद्रोह (1855) का कारण बनीं। सन्तालों का अनाज और वन-उत्पाद खरीदने वाले बेशर्म और अति लालची महाजनों और व्यापारियों से बिडवेल खासतौर से आहत थे। इन महाजनों के प्रति सन्तालों की घृणा को इस बात से समझा जा सकता है कि विद्रोह के दौरान जो भी महाजन या व्यापारी उनके हाथ लगा, उसकी उन्होंने हत्या कर दी। कैप्टन शेरविल के अनुसार, दमन की राजधानी रही बुरहेट में करीब 50 बंगाली व्यापारी थे। कई अन्य व्यापारी बोरियो नामक महत्त्वपूर्ण कस्बे से थे। इन्हीं दोनों स्थानों पर विद्रोह फूट पड़ा था। शेरविल का मानना था कि इन व्यापारियों द्वारा जबरन वसूली और उत्पीड़न की वजह से लोग काफी हद तक बगावत में शामिल हुए, जिससे विद्रोही सन्ताल नेताओं को मजबूती मिली। सन्ताल अपने खास तरीके के धार्मिक व्यक्ति होते हैं। उनके विचारों को शक्तिशाली मनूआ आत्मा और गाँजा पीने से ताकत मिलती है। उनके सभी धार्मिक नृत्यों और रिवाजों में इन्हीं दो उत्तेजकों का सहारा लिया जाता है। तात्कालिक समय पर इनका इस्तेमाल सन्ताल समुदाय को आजादी के साथ हिंसा की ओर आकर्षित करने के लिए किया गया।

विद्रोह की वजहों पर बुद्धिजीवियों की राय

कैप्टन शेरविल ने आगे बताया है कि दामिनकोह के सन्ताल सरकारी सीमा के बाहर रहने वालों से बेहतर कपड़े पहनते थे, अच्छा खाते थे और उनके पास ज्यादा मवेशी और बेहतर घर थे। इसके अलावा जहाँ कहीं भी वे (सन्ताल) बंगाली व्यापारियों

के जाल में नहीं फँसे थे, खुशहाल और सन्तुष्ट थे। शेरविल ने सन्तालों द्वारा मि. पोंटेट का नाम हमेशा सम्मान और श्रद्धा के साथ लेते हुए सुना था।

चार्ल्स बर्न्स जिले में नील की खेती और कृषि-कार्यों से कई सालों से जुड़े थे। उन्हें सन्ताल जनजाति के बारे में काफी जानकारी थी। वे इस निष्कर्ष पर पहुँचे कि विद्रोह की जड़ें केवल धार्मिक कट्टरता में थीं। उन्हें विश्वास नहीं था कि सन्तालों पर जमींदारों, पुलिस या महाजनों द्वारा अत्याचार किया गया है। ऐसा इसलिए क्योंकि उनका मानना था कि वे जंगल साफ करने में माहिर एक अहम रैयत (किसान) हैं, देनदारियों में समय के पाबन्द हैं। न तो वह बकाया रखेंगे और न किसी मजदूर से जबरदस्ती काम कराएँगे। सन्तालों को खास तौर से जमींदारों का संरक्षण मिला हुआ है। बहरहाल, कुल मिलाकर वे स्वभाव से शान्तिप्रिय लोग हैं। वे कभी भी पुलिस थाने में नहीं देखे गए। उनका हिसाब-किताब बहुत सरल है, उन्हें शायद ही कभी महाजन का सहारा लेना पड़ता है, इसलिए उनके साथ उनका लेन-देन सीमित होना चाहिए। उनका मानना था कि जनजाति के कुछ लोगों ने अपने भाइयों की अज्ञानता और अन्धविश्वास का फायदा उठाते हुए उनके दिमाग में एक दैवीय क्रान्ति का विचार पैदा किया कि उनके अपने काल्पनिक राज्य को फिर से हासिल करने के लिए उन्हें पुकारा जा रहा है। इसके लिए, सभी सन्तालों को सार्वजनिक रूप से गाँवों को लूटने और निचली जातियों को छोड़कर सभी का नरसंहार करने के लिए आह्वान किया गया था। उनके राज्य की वसूली, भूमि का लगान और जोत पर लगान को बदला जाना था। ये आदेश उनकी जंगली प्रवृत्ति के अनुरूप थे, रक्तपात से उनका जन्मजात प्रेम शुरू से ही स्पष्ट था। उन्होंने अपनी क्रूरता को उन लोगों तक सीमित नहीं रखा जिन्होंने उन्हें आहत या नाराज किया था, बल्कि महिलाओं, बच्चों, भिखारियों और यात्रियों, सभी के साथ उन्होंने क्रूरता की। पीड़ितों में से बहुतों के हाथ-पैर बाँधकर ठाकुर के प्रतीक के सामने उनकी वैसे ही बलि दी जैसे हिन्दुओं द्वारा काली के सामने जानवरों की बलि दी जाती है।

जब कभी इसका विरोध किया जाता था तो बस हमेशा एक ही उत्तर दिया जाता था—'यह ठाकुर का आदेश है और इसका पालन किया जाना चाहिए।' सबसे गरीब और शान्त सन्तालों ने वैसे ही भयानक अत्याचार किये जैसा उनका नेतृत्व करने वालों ने किया था। इसमें कोई सन्देह नहीं कि बहुतों को धोखा दिया गया था। लेकिन यह भी बिलकुल स्पष्ट है कि अन्य लोग उन लोगों द्वारा लूटमार

करने के आदेश से खुश थे जिनके खुद के हालात उनसे बेहतर नहीं थे जिनके साथ लूटमार की गई।

हालाँकि बिडवेल ने सोचा कि मि. बर्न्स वही सूचनाएँ चाहते हैं जो उनके पास मौजूद थीं। वे इस मामले में चूक गए कि सन्तालों को महाजनों के खिलाफ कोई शिकायत नहीं थी। इस बारे में लम्बे समय से उस जगह पर रहने वाले बुद्धिमान पर्यवेक्षक का नजरिया बहुत ध्यान देने योग्य है।

अपने कार्यों से सन्तालों के बीच लोकप्रियता हासिल करने वाले रिव ड्रोसे ने उनके बारे में कहा, 'मैंने भारत में कहीं ऐसी खुले दिल वाली और दयालु कौम कभी नहीं देखी। उनकी मेहनत, उनकी दृढ़ता, कानून-व्यवस्था के प्रति उनका प्यार, उनकी जिज्ञासा, बहुत ही अनौपचारिक था। किसी आगन्तुक के प्रति उनका हँसमुख व्यवहार बहुत शानदार था। ऐसा क्या हो सकता है जिसने इस कौम को ऐसे उग्र हिंसक रूप में बदल दिया? उन्होंने महसूस किया कि सन्तालों की शिकायतें थीं कि उन्हें सरकार या सरकारी अधिकारियों को जमीन पर खड़े पेड़ों की पैदावार पर जरूरत से अधिक कर का भुगतान करना पड़ता था जिसका भुगतान वे पहले कर चुके होते थे। उन्होंने सन्ताल गाँवों में बंगाली व्यापारियों के बसने को प्रोत्साहित करने के खिलाफ शिकायत की थी। मिस्टर ड्रोसे ने इन बदमाशों को जितना देखा था वह यह समझने के लिए काफी था कि साधारण-सरल-उत्तेजित कौम के लिए उनकी मौजूदगी कितनी कष्टदायी थी। उन्होंने ज्यादातर गाँवों में कानून-व्यवस्था बनाए रखने के लिए सरकार द्वारा नियुक्त किये गए हिन्दू और मुस्लिम दरोगाओं की घोर खलनायकी और क्रूर आचरण की शिकायत की थी।

रिव ड्रोसे ने जिक्र किया है, 'सन्ताल एक दूसरे से बन्धुत्व की भावना से घनिष्ठता से जुड़े हुए हैं। मुझको पता चला कि लगभग बारह साल पहले दामूह के निकट सभी सन्तालों को एक निकाय के रूप में एकजुट करने की व्यवस्था की गई, जहाँ मोरगो राजा नामक सन्तालों का मुखिया रहा करता था। माना जाता है कि उसने 12 सालों में क़रीब 300 शिष्य बनाने में सफलता हासिल की। ये सन्तालों को बन्धुत्व की भावना से एकजुट करने की सभी योजनाओं में प्रशिक्षित और शपथबद्ध लोग थे। वे अपने मुखिया के निर्देशों को अपने बीच फैलाते थे और सुझाव के लिए लगातार उसका हवाला देते थे। जो कुछ भी मैंने सुना है उससे मुझे विश्वास हो गया कि वे रोमी चर्च में कैथलिक ईसाइयों की तरह गुप्त रूप से सक्रिय और आज्ञाकारी संस्था की तरह हैं।'

इस विद्रोह में सैसाइड के अमीरों की संलिप्तता को लेकर काफी सन्देह रहा था। लेकिन मि. ड्रोसे के इस नजरिये के समर्थन करने से अधिक बिडवेल ने अभी तक कुछ और नहीं पाया।

जिले में लम्बे समय से रह रहे यूरोपीय जमींदार आई. ग्रांट ने आरोप लगाया कि असन्तोष की भावना नायब सेजावालों की जबरी वसूलियों और अत्याचारों के कारण भड़की थीं। इसकी वजह से साजिश करने वाले सिदो और अन्य लोगों को उनकी भड़की हुई भावनाओं पर काम करने का अनुकूल अवसर मिल गया, जो बाद में दुखद अंजाम का कारण बना। उन्होंने इस बात पर विचार नहीं किया कि महाजनों का अत्याचार आसपास के परगनावासियों के लिए भी विद्रोह फूट पड़ने का कारण हो सकता था जो वैसी ही जबरी वसूली झेलने को विवश थे। इसका चलन उन तमाम जगहों पर था जहाँ उधार लेने के लिए रैयत और देने के लिए महाजन मौजूद थे।

मिस्टर आई. ग्रांट को 1854 में होने वाली डकैती की घटनाओं के बारे में जानकारी नहीं थी, न ही सन्तालों द्वारा महाजनों के खिलाफ विभिन्न न्यायालयों में पेश की गई बहुत-सी शिकायत याचिकाओं के बारे में पता था।

जिले के सरकारी वकील और जमींदार बाबू गिरधारी कोल ने विद्रोह के लिए जनजातियों की कट्टरता और सहज विश्वासी स्वभाव को जिम्मेदार माना। उनका कहना था कि हद से ज्यादा शराब पीने के कारण जनजातियों में दरिद्रता थी। कुछ कुख्यात पात्र यह कहते हुए उन्हें विद्रोह में ले जाने में सफल हो गए कि उनके राज्य का समय आ गया है। यह राज स्वयं ईश्वर ने सिदो पर जाहिर किया। साथ ही हत्या और लूटपाट का आदेश प्राप्त हो चुका है। आरम्भ में उन्हें सरकारी बलों की तरफ से बहुत कम अवरोध का सामना करना पड़ा। इस वजह से उनको अपने प्रमुखों के आदेश पर विश्वास हो गया। अगर विद्रोह को शुरू होते ही बलपूर्वक दबा दिया गया होता तो हजारों लोगों का जीवन और बहुमूल्य सम्पत्ति बचाई जा सकती थी।

पाकुर की रानी खेमा सुन्दरी के गुप्तचर ने विद्रोह का जिम्मेदार महाजनों के अत्याचार और रेलवे के कुछ कर्मचारियों के अमर्यादित व्यवहार को ठहराया, जो उनकी महिलाओं का अपमान करते थे और रेलवे के काम में कार्यरत सन्तालों को भुगतान नहीं करते थे। इन घटनाओं ने सिदो को धार्मिक कट्टरता के प्रोत्साहन के जरिये बगावत के लिए पूरे समूह को इकट्ठा करने में समर्थ बना दिया।

राजा महेशपुर ने सन्तालों के असन्तोष के लिए भूमि-लगान में बढ़ोतरी,

महाजनों की जबरी वसूली और रेलवे प्रबन्धकों के अत्याचार को जिम्मेदार ठहराया, जो उन्हें कठिन परिश्रम के लिए विवश करते थे और भुगतान बहुत कम करते थे। इस असन्तोष ने सिदो के घर में देवता के प्रकट होने के पाखंड को आग में घी डालने का काम किया। सिदो ने उनसे हथियार उठाने और शोषण करने वाले लोगों को देश से निकाल भगाने के लिए कहा।

मिस्टर टेलर श्रीकोंड रेलवे विभाग के बेहद बुद्धिमान इंजीनियर थे। वे श्रीकोंड में तैनात थे। श्रीकोंड के पास से ही विद्रोह की शुरुआत हुई थी। उन्होंने सन्ताल जनजाति को काफी हद तक करीब से देखा था। वह जिक्र करते हैं, 'रेलवे अधिकारी, मिस्टर पोंटेट, पुलिस और महाजनों पर विद्रोह की वजह होने का आरोप बारी-बारी से लगाया गया था। अपने पद और सन्तालों के साथ अपनी अच्छी समझदारी की वजह से पूरे यकीन से कह सकता हूँ कि रेलवे में नियुक्त यूरोपीय कर्मचारियों की तरफ से कोई ऐसा अत्याचार मेरी जानकारी में नहीं है। मुझे विश्वास नहीं है कि इस तरह की कोई घटना कभी हुई थी। मेरी राय में ऐसा कोई मामला कभी नहीं हुआ कि सन्तालों को उनके काम के बदले कम भुगतान किया गया हो या लाइन पर नियुक्त कोई यूरोपीय उनकी किसी महिला को जबरन ले गया हो।

मिस्टर टेलर ने बताया कि बहुत कम सन्तालों को लाइन पर काम करने के लिए बुलाया जाता था। ऐसा इसलिए नहीं था कि उनको कम भुगतान किया जाता था या उनसे दुर्व्यवहार किया जाता था, बल्कि इसलिए कि आमतौर पर वे इतने खुशहाल थे कि वे शराब पीना, नाचना और मनोरंजन करना पसन्द करते थे। उन्होंने सन्तालों को अक्सर मिस्टर पोंटेट के बारे में बात करते सुना था, लेकिन उन्होंने उन्हें कभी भी उनके खिलाफ बात करते या बहुत ज्यादा लगान का भुगतान करने की शिकायत करते नहीं सुना। वास्तव में उन्हें पता था कि वे दामिन में जमीनों का बहुत कम लगान देते थे और वे पंचायत के माध्यम से लगान स्वयं तय करते थे। वे जितना भुगतान करना चाहते मिस्टर पोंटेट उसे स्वीकार कर लेते थे।

विद्रोह के कारण के बारे में टेलर की राय है कि पिछले कुछ समय से सन्ताल शराब पीने और आलसी जीवन जीने के इतने आदी हो गए थे कि उनका स्वभाव उग्र हो गया था। यह समझते और जानते हुए कि सैनिकों के आने से पहले बहुत कुछ किया जा सकता था, नेताओं ने देश को लूटने की योजना बनाई, लूट से बच निकलने के लिए उनके अन्धविश्वास पर काम किया और ठाकुर के आदेश देने की कहानी उन पर थोप दी।

उपरोक्त राय ऐसे जमींदारों और बुद्धिजीवियों की है जो आसपास निवास करते थे। ये लोग भंग हो चुकी चुकी एक व्यवस्था के बारे में अर्थपूर्ण ढंग से बात करते थे।

कार्यस्थल की व्यवस्था

कुलीन लोगों के विचारों को दर्ज करने के बाद बिडवेल 1855 से पहले 20 वर्षों के दामिनकोह के प्रशासन का संक्षिप्त विवरण देकर कार्यस्थल की व्यवस्था को सामने लाना चाहते थे। यह भू-भाग और इससे लगी हुई जमीनें, जैसा कि सरकार की जानकारी में है, राजमहल हिल्स कही जाती हैं। इन्हें जिले के जमींदारों के साथ डिसेनियल सेटलमेंट (बन्दोबस्त) में शामिल नहीं किया गया था। 1825 में इसे सरकारी सम्पत्ति घोषित कर दिया गया था और कई सालों तक इस पर निर्णय लेने और सीमाओं का निर्धारण करने का काम एक विशेष अधिकारी को सौंपा गया था। वर्षों तक इस क्षेत्र की कृषि योग्य भूमि पहाड़ी लोगों के लिए आरक्षित थी, लेकिन 31 अक्टूबर, 1827 को बोर्ड ने मिस्टर वार्ड की सिफारिशों का समर्थन किया कि अन्य वर्ग के लोगों को इन जमीनों पर खेती की अनुमति दी जानी चाहिए। अगर जंगल की सफाई का काम पहाड़ी लोगों पर छोड़ दिया जाएगा तो यह काम कभी पूरा नहीं हो पाएगा, जबकि सन्ताल जाति के लोगों को पड़ोस के अधिकतर जमींदारों ने जंगल की जमीन को खेती के लायक बनाने के काम में लगाया गया था। उन्हें दामिन में उसी तरह काम में लगाने को लेकर कोई आपत्ति नहीं थी।

हालाँकि, सरकार ने जवाब दिया कि वह परिषद में उस प्रस्ताव से पीछे हटने के लिए तैयार नहीं है जिसमें कहा गया था कि दामिन की भूमि को खासतौर से पहाड़ी जाति को कृषि में प्रोत्साहित करने के लिए आरक्षित कर दिया जाना चाहिए। 'अगर पहाड़ी जाति अपेक्षाओं पर खरी नहीं उतरती है तब सरकार के पास अपनी योजना को बदलने और उनकी भूमि के सुधार के लिए अन्य वर्गों की ओर देखने का विकल्प रहेगा।'

इन निर्देशों को निरस्त करने सम्बन्धी सरकार के किसी औपचारिक आदेश का रिकॉर्ड मौजूद नहीं है; लेकिन सन्तालों ने दामिन की भूमि पर धीरे-धीरे खुद को स्थापित कर लिया। 1830 में सरकार ने पहाड़ी दानभोगियों के साथ करार के माध्यम से पारम्परिक भुगतान से अधिक किसी तरह की माँग से उनकी रक्षा के लिए स्थानीय प्राधिकरणों को मान्यता देकर उनके अस्तित्व की मान्यता दे दी।

सन्तालों का आबाद होना

जंगल को साफ करने के एकमात्र साधन के रूप में सन्तालों को इन जमीनों पर बसने के लिए प्रोत्साहित करने के पक्ष में, स्थानीय प्राधिकरणों द्वारा बार-बार सिफारिश किये जाने के बाद, सरकार दामिनकोह के लिए विशेष अधिकारी की नियुक्ति करने पर 21 नवम्बर, 1836 को सहमत हो गई। इसके लिए मिस्टर पोटेंट को नामित किया गया और कलेक्टर डनबर ने निर्देश दिया कि दमन की खेती लायक जमीनों को सन्तालों के माध्यम से खेती के काम में लाने का भरपूर प्रयास किया जाए। इस निर्देश के अनुसार, इस लक्ष्य को अति शीघ्र हासिल करने के लिए उन्हें केवल दामिन में पहले ही बस चुके लोगों को ही सुरक्षा प्रदान नहीं करनी चाहिए, बल्कि खाली पड़ी जमीनों पर मुफ्त में बसने वालों को भी हर प्रकार से प्रोत्साहित किया जाना चाहिए।

सन्तालों को बसाने वालों को हतोत्साहित करने से लेकर प्रोत्साहित करने तक के सफर में हुए परिवर्तन को वर्ष 1837-38 से 1854-55 तक दामिन की जमीन से प्राप्त राजस्व के निम्नलिखित विवरण को दर्शाते हैं—

वर्ष	राजस्व (रुपये में)
1837	6,662
1838-39	7,798
1839-40	10,644
1840-41	20,074
1841-42	20,997
1842-43	22,372
1843-44	25,450
1844-45	28,002
1845-46	32,430
1846-47	36,407
1847-48	39,905

1848-49	40,947
1849-50	43,724
1850-51	47,665
1851-52	50,160
1852-53	51,825
1853-54	53,455
1854-55	58,033

इस उपलब्धि का श्रेय अधीक्षक पोटेंट के सराहनीय प्रबन्धन को देने का चलन रहा है, लेकिन बिडवेल ने स्वीकार किया कि वह इस कामयाबी के लिए प्रबन्धन से अलग सरकार की नीति को उत्तरदायी मानते हैं। पहले की तरह इन जनजातियों के वहाँ बसने को हतोत्साहित करने के बजाय प्रोत्साहित करना और आकर्षक गुणवत्ता की मिट्टी इसकी सबसे बड़ी वजह है। साथ ही उन्हें आशा थी कि मिस्टर पोंटेट की सार्वजनिक अधिकारी के रूप में योग्यताओं की जानकारी होने के बाद वह उनके साथ अन्याय नहीं करेंगे।

मिस्टर डनबर ने बताया कि जिस समय उन्होंने लिखा था उस समय सन्तालों और भुइयों की रिहाइश 427 गाँवों में थी। वह सोचते थे कि औसत दर्जे के प्रोत्साहन से वहाँ बसने के लिए सन्तालों की जो संख्या आकर्षित हो सकती थी वह सीमित थी। लेकिन भूमि की पूरी चौहद्दी के भीतर उन्होंने बिना आमंत्रण के अपने-आप बड़ी संख्या में बसना पहले से ही शुरू कर दिया था। उन्होंने लिखा, 'वे सबसे ज्यादा मेहनती और शान्तिप्रिय लोग हैं और उनकी मेहनत की वजह से जंगल बेहद तेजी से साफ होता है।' मिस्टर डनबर ने आगे लिखा है कि उनके उत्पाद आमतौर पर उस दिन के बाजार भाव से काफी कम दर पर उन महाजनों को बेच दिये जाते थे, जिन्होंने सीजन के शुरू में उनको उधार दिया होता था या फिर उत्पाद उन व्यापारियों को बेचे जाते थे जो अनाज खरीदने के मकसद से दामिन आते थे।

मिस्टर पोटेंट के प्रबन्धन को उनकी नियुक्ति से लेकर विद्रोह के समय तक कलेक्टर, कमिश्नर और बोर्ड का लगातार समर्थन मिलता रहा। बिडवेल ने जिक्र किया है, 'मुझे यह कहने में अन्दर से असभ्यता जैसी लगती है कि सन्तालों ने इस क्षेत्र में बसने के लिए पहले ही उत्साह दिखाया था। रैयत के रूप में उनके

अत्यंत आकर्षक और सीधे-साधे आचरण को देखते हुए लगता है कि यह सराहना जल्दबाजी में कर दी गई थी।'

दामिन के सम्बन्ध में विगत 10 सालों में किये गए पत्राचार पर गौर करने के अलावा बिडवेल ने उन सभी शिकायतों की पड़ताल की जो उनको अधीक्षक, मजिस्ट्रेट, कलेक्टर और आयुक्त द्वारा भेजी गई थीं। उनमें वे सभी शिकायतें शामिल थीं जो 1855 से पहले दो सालों में सन्तालों ने उनके सामने रखी थीं।

बिडवेल ने बताया है, 'मैं नहीं कह सकता कि सार्वजनिक अधिकारी के रूप में पोंटेट की रिपोर्टों ने मुझे बहुत प्रभावित किया। इसके साथ ही मुझे नहीं लगता कि उनके प्रशासनिक दौरों के अपने विवरण में बेहतर समझ और विवेक के स्पष्ट संकेत मौजूद हैं। पत्राचार या याचिका में मैं ऐसा कोई संकेत नहीं देखता हूँ जिसमें सन्तालों का अधिक मूल्यांकन किया गया हो। वास्तव में मिस्टर पोंटेट की माँग वहीं तक सीमित लगती है जितनी सन्ताल समुदाय द्वारा उचित और न्यायसंगत मानकर तय कर दी जाती थी और हमेशा बिना किसी आपत्ति या कठिनाई के उनका भुगतान कर दिया जाता है।'

वर्ष 1851 में कैप्टन शेरविल ने दामिन में सन्तालों के पास कृषि-भूमि की मात्रा का सर्वेक्षण द्वारा पता लगाया, कुल 1,62,560 एकड़ जमीन थी जो 4,91,744 बीघा के बराबर है। अगले साल सरकार की लगान 47,555 रुपये से अधिक नहीं थी। हमें इससे पता चलता है कि दामिन में सन्तालों की भूमि पर निर्धारित दर का औसत लगभग डेढ़ आना प्रति बीघा है। दामिन की अच्छी गुणवत्ता वाली जमीन को देखते हुए इस लगान को सामान्य माना जा सकता है।

बिडवेल ने बताया है, 'मौजूदा व्यवस्था के अनुसार पेड़ समेत जंगल की जमीन पहले तीन साल के लिए लगानमुक्त है। अगले तीन साल तक मामूली लगान वसूली जाती है, जिसे परगनावासी औसतन 3 से 10 रुपया प्रति गाँव मान सकते हैं। जब मंजियों की पंचायत द्वारा लगान तय किया जाता है तो अगला पट्टा पाँच सालों के लिए हो जाता है। मंजियों का गाँव पर पिछले पाँच सालों से स्वामित्व रहा है और मेरी जानकारी के अनुसार मिस्टर पोंटेट कहते हैं कि इस बन्दोबस्त के अन्तर्गत गाँव का विस्तार और घरों की संख्या भी शामिल है। सामान्यत: मैं इसका अन्दाजा कर सकता हूँ कि यह आकलन दुरुस्त रहा है। पोंटेट कहते हैं कि वह सन्तालों से अपने आकलन के मुताबिक एक आना प्रति बीघा भी अधिक नहीं लेते हैं।

कहा जाता है कि सन्ताल बीघा के हिसाब से अपनी जमीनों के भुगतान पर आपत्ति करते थे। हालाँकि जिले में ऐसी जमींदारियाँ थी जिनमें इस आपत्ति को दूर किया गया है। मेरा मानना है कि प्रत्येक जोत में शामिल मात्रा को सुनिश्चित करने के लिए किये गए अप्रत्यक्ष उपायों को सरल करने का पोंटेट को काफी श्रेय दिया गया है। इसके तहत प्रत्येक जोत वाले गाँव के मध्य में उनकी सीमाओं को परिभाषित करने के मकसद से एक चौकी बनाई गई, जिससे मैंने भूमि की मात्रा का एक ही समय में अनुमानित आँकड़ा प्राप्त किया। लेकिन मेरा मानना है कि सन्तालों की आपत्ति बीघा के हिसाब से भुगतान करने पर थी, न कि भूमि की माप के हिसाब से करने पर। प्रत्येक गाँव के क्षेत्रफल का आकलन करने के लिए पोंटेट द्वारा अपनाए गए तरीके के बजाय किसी भी हालत में बेहतर योजना यह होती कि वे सीमाओं को चिह्नित करने के लिए दिये गए चेन (जरीब) और कम्पास लेकर जाते और क्षेत्रफल को कागज पर लिखते।

वसूली का काम नायब सेजवालों से माध्यम से साल में एक बार किया जाता है और ऐसे समय में किया जाता है, जब इन अधिकारियों की तरफ से उगाही पर नियंत्रण के लिए पोंटेट खुद दामिन में मौजूद रहते हैं।

बिडवेल ने बताया है, 'पोंटेट इस बात से सन्तुष्ट हैं कि ये लोग सन्तालों से धन उगाही नहीं करते, लेकिन मैं इस आम राय से सहमत हूँ कि वे ऐसा करते हैं। वास्तव में नायब सेजवालों के खिलाफ शिकायत के दो मामलों में, जिनमें से एक अब मेरे सामने है, पोंटेट ने पर्याप्त सुनवाई नहीं की।'

एक सन्ताल कैदी बीटू का कहना है कि 'जो राजस्व हम अदा करते हैं वह न्यायसंगत है। हमें उसमें कोई कमी नहीं लगती और हम इसे खुशी से देते हैं। नायब सेजवाल जब लगान वसूलने आते हैं तो प्रत्येक गाँव से रुपये लेते हैं, जिसे हम उसे खुशी से देते हैं। यदि महाजनों को काबू में रखा जाए और सजा दी जाए तो हमें कोई शिकायत नहीं रहेगी।'

बिडवेल इस तथ्य को सचाई के बहुत करीब मानते हैं। दामिन में सन्ताल गाँवों से की जाने वाली अदायगी 1,218 रुपया है और गैरकानूनी तरीके से नायब सेजवालों द्वारा की जाने वाली उगाही लगभग 8,308 रुपया है। दामिन के कई ऐसे सेजीवालों के नाम की जानकारी बिडवेल को है जिन्होंने खासतौर से काफी बड़ी रकम जमा की है।

पत्राचार के किसी भी भाग में अधिक कराधान की व्यवस्था बिडवेल को

नहीं मिली। पोंटेट का विवादों से निपटने का तरीका विवेकशील था। वह दोनों पक्षों को आमने-सामने बैठाकर उचित देय राशि तय कर देते थे। लेकिन बिडवेल को पोंटेट की आरम्भिक रिपोर्टों से सन्तालों पर महाजनों के अत्याचार की पीड़ाओं का पता चला, जिसके बारे में उनका विचार था कि उन्होंने उसके निराकरण के लिए कुछ और किया होगा। 1847 (1 नवम्बर) में सन्तालों और पहाड़ी क्षेत्र के स्थानीय निवासियों के बीच सिविल मामलों में मजिस्ट्रेट का अधिकार क्षेत्र बढ़ाने की वकालत करते हुए पोंटेट ने कहा, 'मुंसिफ की अदालत में सन्तालों के लिए अपने मुकदमे में मैदानी लोगों की चतुराई और चालबाजी का मुकाबला कर पाना मुश्किल है।' इसके तहत सन्तालों और पहाड़ी लोगों के बीच 100 रुपये तक के लेन-देन के मामले को मजिस्ट्रेट के अधिकार क्षेत्र में ला दिया जाता।

अगस्त, 1846 में पोंटेट ने बताया, इस साल महाजनों के अत्याचार की वजह से तीन ग्रामीण फरार हो गए। महाजनों ने मुंसिफ के न्यायालय में खुद का बचाव करने में सन्तालों की अज्ञानता के कारण बढ़त हासिल कर ली थी। पोंटेट ने जो कुछ कहा उस पर बिडवेल ने पूरी तरह भरोसा कर लिया। जहाँ तक देय राशि पर मुकदमा की बात है, निश्चित ही पूरा मामला झूठ था, लेकिन मुझे यकीन है कि कुछ मामले ऐसे हैं जहाँ कर्ज का दस गुना भुगतान किया गया है। ये बिचारे गरीब लोग पढ़ना-लिखना नहीं जानते और बंगाली उनके भुगतान के मामले में जो कुछ करते हैं उस पर उनका कोई नियंत्रण नहीं। कर्ज की पूरी अदायगी या अनुबन्ध-पत्र की वापसी के बाद रसीद देने के बारे में उनको कभी कोई जानकारी नहीं होती। तब पोंटेट ने सुझाव दिया कि 1827 के विनियमन 1 की धारा III के प्रावधानों को सन्तालों पर लागू नहीं किया जा सकता, उन्हें मुंसिफ की अदालत में सन्तालों के खिलाफ मुकदमों में बचाव के लिए मुख्तार नियुक्त करने के लिए अधिकृत किया जाना चाहिए।

22 मई, 1849 को अपनी रिपोर्ट में मिस्टर पोंटेट ने जिक्र किया, 'छोटे महाजनों के खिलाफ यह शिकायत प्राप्त हुई कि उन्होंने अपने खच्चर रैयतों के मक्के के खेतों में चरने के लिए छोड़ दिये हैं, इसकी रिपोर्ट कलेक्टर से इस आशा के साथ की गई थी कि वह नुकसान पहुँचाने वाले पक्षों को दंडित करेंगे।'

मई 1851 में पोंटेट ने रिपोर्ट किया, 'महाजनों के खिलाफ बहुत ज्यादा ब्याज लेने और पहले के वर्षों में सभी पक्षों की सहमति से मेरे द्वारा स्थापित माप से बड़े माप का प्रयोग करने की बहुत सारी शिकायतें हैं। यह उत्पीड़न बहुत कष्टदायी

है। मुझे मिली शक्ति से मुश्किल से ही सुधार लाया जा सकता है, मैं केवल दोनों पक्षों को तलब कर सकता हूँ, निर्देशित कर सकता हूँ और उन्हें दामिन की धरती से बाहर निकालने की धमकी दे सकता हूँ।'

1853 में विगत सीजन पर अपनी रिपोर्ट में पोंटेट ने छोटे महाजनों के खिलाफ बहुत-सी याचिकाओं पर विचार किया, ये महाजन अज्ञानी सन्तालों से हमेशा बलपूर्वक नियम के खिलाफ ब्याज वसूलते थे।

15 मई, 1854 को पोंटेट ने अपनी रिपोर्ट में रेलवे कर्मचारियों द्वारा अपनी कीमत पर सन्तालों की मुर्गियाँ और मेमने उठा ले जाने जैसी उत्पीड़न की छोटी-मोटी शिकायतें पाईं। महाजनों ने वहाँ बसे लोगों को मुंसिफ की अदालतों में घसीट कर रैयतों को सुने जाने से पहले ही उनके जानवरों की कुर्की हासिल करके उनको कुछ तकलीफ भी पहुँचाई।

5 जुलाई, 1854 को पोंटेट ने उस साल डकैतियों के कारणों के बारे में कलेक्टर को जानकारी देते हुए लिखा, "पिछले सीजन में मेरे दामिन के दौरे में सन्तालों ने आमतौर पर बहुत अधिक ब्याज वसूलने और महाजनों द्वारा लगभग अपनी शर्तों पर अनाज लेने सम्बन्धी उत्पीड़न की शिकायत की। जब कोई ज्वलंत मामला मेरे सामने लाया गया है तो मैंने अक्सर अपनी रैयतों को बचाने का प्रयास किया है। अप्रैल में जब मैं अपनी छावनी में पहुँचा तो मुंसिफ की अदालत चल रही थी, और अधिकांश मामलों में एकपक्षीय फरमान जारी हो चुके थे। जब कानूनी फरमान के बाद बदकिस्मत रैयत का घर और मवेशी बिक जाते थे तो वह भीख माँगने पर मजबूर हो जाता था।"

28 मई, 1855 को अपनी रिपोर्ट में मिस्टर पोंटेट फिर महाजनों के उत्पीड़न के बारे में कहते हैं—उनके अनुबन्ध पत्रों की जाँच करने पर हमने पाया कि वे उधार पैसे पर 50 प्रतिशत ब्याज वसूलते थे। एक रुपये पर 8 आना वसूलते थे। अन्त में वे स्टैम्प पेपर पर करारनामा बना लेते थे।

इस प्रकार बिडवेल के सन्ताल विद्रोह सम्बन्धी विवरण ने व्यवस्था की असफलता को स्पष्ट कर दिया। उनसे दूर बैठे अधीक्षक पोंटेट रहे हों या मजिस्ट्रेट, मुंसिफ, कलेक्टर या कमिश्नर, ये लोग उस व्यवस्था को नहीं बचा सके जो भागलपुर के कलेक्टर क्लेवलैंड के प्रशासन और 1927 के अधिनियम के तहत शुरू की गई थी।

हंटर का विवरण

एक और समकालीन ब्रिटिश नागरिक डब्ल्यू.डब्ल्यू. हंटर ने व्यवस्था को लेकर लगभग समान नजरिया रखा जो निम्नलिखित है :

'सन्तालों में अधिकांश लोगों के पास छोटे ऋण के लिए भी गिरवी रखने को भूमि या फसल नहीं थी। अगर इस वर्ग के किसी व्यक्ति को अपने पिता को दफनाने के लिए कुछ रुपये उधार लेने की जरूरत पड़ जाती तो वह हिन्दू सूदखोर के पास जाता था। ऋण के चुकता होने तक जमानत के तौर पर देने के लिए उसके पास सिवाय उसके और उसके परिवार के शारीरिक श्रम के और कुछ नहीं होता था, इस वजह से वह खुद को और अपने परिवार को दास के रूप में बँधुआ रख देता था। विरासत में अपने बच्चों के लिए छोड़ने को उसके पास केवल कर्ज होता था, जो कुछ पैसों से शुरू होकर 33 प्रतिशत चक्रबृद्धि ब्याज की दर से कई रुपये हो जाते थे। इस तरह की छोटी दासता हर उस देश में है जहाँ जनसंख्या तो बढ़ती है लेकिन आजीविका का साधन स्थिर रहता है।'

जब सूदखोरी बढ़कर दासता का रूप लेने लगी तो सन्तालों के बचाव के लिए अदालतों को सामने आना चाहिए था। सन्ताल के चारों ओर—उत्तर से लेकर बीरभूम की पहाड़ी घाटी तक—छोटे हिन्दू व्यवसायी बसे हुए थे। कुछ ही सालों में वे भाग्यशाली व्यक्ति बन जाते थे। वे सीधे-सादे सन्तालों को हर सौदे में धोखा देते थे। हंटर ने लिखा है, 'सन्ताल मटके में ताजा मक्खन बेचने के लिए लाते थे और हिन्दू (बनिया) उसे खुद से बनाए पेंदे वाले बर्तन में मापते थे। किसान चावल के बदले नमक, तेल, कपड़ा और बारूद लेने आते थे। हिन्दू (बनिया) उनके अनाज का वजन करने के लिए भारी बाट का प्रयोग करते थे और सामान देने के लिए हल्के बाट का। इस तरह दोगुना लाभ कमाते थे।'

उपज में अवैध लेन-देन द्वारा प्राप्त धन में सूदखोरी से वृद्धि की जाती थी। जिस वक्त किसान चावल उधार ले लेता था वह और उसके बच्चे अनाज व्यापारियों के दास बन जाते थे। सालों-साल तक सन्ताल अपने उत्पीड़क के लिए पसीना बहाता था। अगर पीड़ित जंगल में भाग जाने की धमकी देता था तो सूदखोर उनके खिलाफ अदालतों में मुकदमा कर देता था और इस बात का खास ध्यान रखता था कि कार्रवाई का आदेश प्राप्त होने तक सन्ताल को कुछ पता न चल पाए। बिना किसी चेतावनी के बेचारे सन्ताल व्यक्ति की भैंस, गाय और पैतृक सम्पत्ति के रूप

में पीतल के छोटे घरेलू बर्तनों को बेच दिया जाता था। यहाँ तक कि महिलाओं के सम्मान के प्रतीक लोहे के आभूषणों को पत्नियों की कलाई से छीन लिया जाता था।

समाधान का कोई रास्ता ही नहीं था क्योंकि अदालत शायद सैकड़ों मील दूर सिविल स्टेशन में थी। राजस्व की वसूली में लगे अंग्रेज जज के पास छोटी-मोटी परेशानियों को सुनने का समय नहीं था। हाशिये के नीचे पड़े मूलनिवासी को अपने उत्पीड़क को पूरा भुगतान करना पड़ता था और इस लूट में पुलिस का हिस्सा होता था। सन्ताल कहते थे, 'ईश्वर महान है लेकिन वह बहुत दूर है' और गरीब चीखता-चिल्लाता था कि उसकी मदद करने वाला कोई नहीं है।

हंटर ने सरकार का पक्ष लेते हुए लिखा है कि 'सरकार को इन चीजों की कोई जानकारी नहीं थी।' वास्तव में यह तथ्यों की गलतबयानी थी। कानून व्यवस्था बनाए रखने और समय-समय पर बढ़ी दर से राजस्व की वसूली के लिए फैले नौकरशाही को लोगों के कल्याण में दिलचस्पी बहुत कम थी। वे लोगों की दुर्दशा को समझते नहीं थे। जब तक आपत्ति नहीं जताई जाती, तब तक वे एक शब्द भी नहीं बोलते थे। सन्ताल जब तक विद्रोह के लिए खड़े नहीं हो गए, सम्भाग के मुखिया के रूप में काम करने वाले यूरोपीय अधिकारी नीरो की तरह बाँसुरी बजाते रहे। जब लोगों के आक्रोश में देश जल रहा था एक अकेले यूरापीय अधिकारी (जे. बोन्नेट) को पहाड़ियों और सन्तालों की देखभाल के लिए नियुक्त किया गया था। लगता है कि एक व्यक्ति जितना कर सकता था उसने उतना किया था।

'न्याय व्यवस्था अदालतों के छोटे अधिकारियों द्वारा चलाई जाती थी, अदालतों में हिन्दुओं द्वारा सन्तालों के खिलाफ अपनी जाति के वादियों का पक्ष लिया जाता था।' न्यायाधीश का पद अब महत्त्वपूर्ण माना जाता है और उसके लिए विशेष प्रशिक्षण की जरूरत होती है। उन दिनों जिला जज़ प्राय: बेहद बुजुर्ग से सज्जन हुआ करते थे जिनके पास कुछ खास प्रशासनिक अनुभव नहीं होता था। इस शासन के लिए वास्तव में यह अपवाद थे। लेकिन आमतौर पर बात की जाए तो सक्षम लोग अपने कार्यालय को जिला मजिस्ट्रेट से संभागीय आयुक्त तक पदोन्नति का पड़ाव मानते थे।

अधीनस्थ स्थानीय मजिस्ट्रेटों को लगता था कि उनके न्यायिक कार्यों में उन पर वह योग्यता थोप दी गई है, जिसके वे कभी अभ्यस्त नहीं रहे। उनमें से कुछ सम्मानित पुराने तरह के लोग थे, अंग्रेजों से उनकी जान-पहचान नहीं होने के कारण कानून और नई दंड संहिताओं में महारत हासिल करना उनके लिए मुश्किल था।

कार्यवाहियों में खामियों की वजह से न्यायाधीश के पास एक अपील पर उनके द्वारा सुनाई गई सजा लगातार पलटती गई और कुख्यात अपराधी बच निकले।

बंगाल पुलिस के पुनर्गठन की वजह से जिले में अपराध को काबू में रखने के लिए जिम्मेदार मजिस्ट्रेट और प्रशासकों की पहले से चली आ रही मुश्किलें और बढ़ गईं। अधिकारियों और जनता दोनों के लिए नई व्यवस्था आ चुकी थी। उन्हें लगा कि तकनीकी बारीकियों की वजह से उनके प्रयास विफल हो जाते हैं, जिन्हें वे अच्छी तरह नहीं समझते हैं। जिले की पूरी कार्यपालिका में एक तरह की मायूसी व्याप गई जो उनके काम में बाधक बनने लगी।

इस प्रकार जो व्यवस्था क्षेत्र में शान्ति और सद्भाव बनाने के सीमित लक्ष्य के लिए तैयार की गई थी उसे असफल होना ही था, क्योंकि शान्ति और सद्भाव के अलावा लोग अच्छी शासन प्रणाली के लिए भी बेचैन थे।

अध्याय-2

सशंकित लोग

समाधान के अभाव में असफल हो चुकी व्यवस्था के तहत मेहनतकश सन्तालों की तरह लोग कराहते रहे। 1838 से 1851 के बीच दामिन-ई-कोह में आबादी 3000 से बढ़कर 82,795 हो गई थी। इसके अलावा 10,000 लोग बाहरी क्षेत्रों में थे। भूमिहीन सन्ताल स्वतंत्र मजदूर होने के बावजूद, खुद को, कृषि-दास से भी बुरी स्थिति भुगतने के लिए पूर्वलिखित किस्मत द्वारा बाध्य मानकर, वर्तमान परिस्थिति को स्वीकार कर चुके थे। लेकिन नि:सन्देह अन्दर-ही-अन्दर कुढ़ते थे।

रेलवे मजदूर

ऐसा लगता है कि एक काम ने उनकी मानसिक स्थिति को बदल दिया, वह था सन्ताल देश में रेलवे की शुरुआत का वरदान। 1854 में बंगाल में होने वाली घटनाओं ने पूँजी और श्रम के सम्बन्धों को पूरी तरह से बदल दिया। ब्रिटिश सरकार ने भारत में रेलवे के लिए दृढ़ संकल्प ले लिया था। सन्ताल देश के किनारे दो सौ मील तक रेलवे लाइन फैली हुई थी। ऊँचे तटबन्धों, भारी कटावों और धनुषाकार पुलों ने कामगारों की ऐसी माँग पैदा की जैसी भारत के इतिहास में कभी नहीं देखी गई थी। कुछ वर्ष बाद, अकेले बीरभूम में बीस हजार लोगों की जरूरत थी और सन्ताल इलाकों के कई और सीमावर्ती क्षेत्रों में यह संख्या एक लाख लोगों या पचीस सालों के दौरान सन्ताल जाति के आगमन से अधिक थी। पहले सन्ताल जाति के लोग पूँजी के लिए काम की तलाश में जाते थे, इसके उलट अब पूँजी मजदूर की

तलाश में सन्ताल देश में चक्कर लगा रही थी। ठेकेदार हर मेले में अपने मजदूर भर्ती करने वालों को भेजते थे। जिन सन्तालों ने नौकरी कर ली वे कुछ महीनों में अपनी कमरपट्टी में सिक्के भरकर लौटे, उनकी महिलाएँ चाँदी के आभूषणों से लद गईं। हर आदमी, औरत और लड़का काम पा सकता था। दस साल के लड़के तक गाँव में कमाई कर सकते थे।

इसके बाद दास और स्वतंत्र मजदूर का फर्क खुद पता चलने लगा। पूरी स्वतंत्र आबादी, जिनके पास अपनी जमीन नहीं थी, अपनी महिलाओं और बच्चों के साथ हाथों में तीर और कमान लिये ढोल-ताशे के साथ कुछ महीने काम करने के लिए रेलवे पर जाते थे और जमीन खरीदने और खानदान के लोगों को भोज देने के लिए वापस लौटते थे। वे दास जो घर पर रहकर अपने स्वामी के लिए काम करने को मजबूर थे, अपनी स्थिति की तुलना समृद्ध साहसी मजदूरों से करने लगे। इस पर हंटर की टिप्पणी है—

> जिन कारणों ने गुलामों को आजाद होने के लिए बेचैन किया हुआ था, उसी वजहों से वे अपने स्वामी के लिए कीमती बना गए हैं। यह स्पष्ट हो गया है कि कुछ बड़ा बदलाव होने वाला है, चाहे यह ब्रिटिश कानून के अन्तर्गत इस शताब्दी के अन्त में सम्भव हो पाता। विषय यह था कि लोगों को आजाद करना फायदेमन्द था या फिर गुलाम बनाकर रखना।

1843 में एक सन्ताल मुखिया ने सन्तालों के एक समूह को संगठित किया। वह सन्तालों को बन्धुत्व की भावना से एकजुट करने के लिए समर्पित थी। हालाँकि यह स्पष्ट नहीं है कि इसका सन्ताल विद्रोह से कोई लेना-देना था या नहीं। 1850 तक पूरा सन्ताल इलाका चकित रह गया था।

1854 और 1855 के सर्दी के मौसम में सन्ताल असामान्य और बेचैन लग रहे थे। उनकी फसल अच्छी हुई थी और पूँजी के प्रवाह ने कृषि उत्पाद की स्थानीय कीमत बढ़ा दी थी। फिर भी पहाड़ी क्षेत्र के लोग उत्तेजित और असन्तुष्ट थे। बीरभूम के मजिस्ट्रेट ने लिखा, 'पूरे जिले में रेलवे अधिकारियों द्वारा किये जा रहे व्यापक कार्य और उनके द्वारा बड़ी संख्या में गरीब वर्ग को दिये गए रोजगार से निवासियों की स्थिति में काफी सुधार आया है। हर तरफ होने वाली अच्छी फसल ने उनके कल्याण में काफी योगदान दिया है। लेकिन उनके अनाज के लिए अधिक कीमत और श्रम के लिए अधिक मजदूरी के बावजूद यह जाति बेचैन घूमती है।' हंटर ने

लिखा, 'सचाई यह थी कि धनी सन्तालों ने हिन्दुओं (बनियों) की अब और अधिक ठगी बर्दाश्त न करने का निश्चय कर लिया था। गरीब काश्तकारों ने अब उनका दास नहीं बनने का संकल्प कर लिया और दिहाड़ी मजदूरों ने ठान लिया था कि उनकी दासता को वे अब और बर्दाश्त नहीं करेंगे।'

भूमि हस्तांतरण

सन्ताल जिस भूमि पर खेती करते हैं उसको कब्जे में रखना उनके जीवन का सबसे अहम मकसद होता है। भूमि उसकी होती है जिनके द्वारा मूल रूप से जंगल की सफाई की गई थी, और मुख्य वंश से होते हुए उनके उत्तराधिकारियों तक पहुँचती है, और हमेशा उसी वंश की होती है। मूल निवासी सन्ताल नेता और अधिकारी को उनकी सेवाओं और पद की मान्यतास्वरूप खास जमीनें दी गई थीं।

जनजातीय लोगों के लिए जनजातीय रीति-रिवाजों जितना अहम कुछ भी नहीं होता। किसी सन्ताल की भूमि न केवल आर्थिक सुरक्षा प्रदान करती है बल्कि जमीन के माध्यम से उसका पूर्वजों के साथ एक मजबूत जुड़ाव होता है। यह बात नई जमीनों पर उसी तरह से लागू होती है जिस तरह से पुरानी जमीनों पर, क्योंकि सन्ताल किसी भी जमीन का कब्जा तब तक नहीं लेता है जब तक उनके पूर्वजों की आत्माएँ उसकी अनुमति न दे दें। भूमि आध्यात्मिक और आर्थिक विरासत का हिस्सा है। भूख उन्हें निराशा की ओर ले गई, लेकिन जमीन से उनका जुड़ाव भावनात्मक आधार प्रदान करता है जिसके बिना विद्रोह नहीं हो सकता था। जमीन और खेती के लगातार हस्तांतरण का सबसे तिरस्कारपूर्वक विरोध किया गया था। दमन की सीमा के पास रहने वाले लालची जमींदार कुछ समय से उनकी जमीन पर गिद्ध की तरह नजर गड़ाए हुए थे।

जमींदारी जुल्म

महेशपुर और पाकुड़ के राजा ने सन्ताल गाँवों का पट्टा गैर-सन्तालों को दे दिया था। राजा महेशपुर के पास 300 सन्ताल गाँव थे और उन्हें कई तरह के अवैध कर वसूलने की आदत थी। पाकुड़ की रानी महिला होने की वजह से पर्दे में रहती थी। और उनके बारे में इस्तेमाल होने वाले अश्लील मुहावरों से उन्हें अनजान रखा गया

था। जब तक वे फलते-फूलते रहे उनको रैयतों के उत्पीड़न की कोई परवाह नहीं थी। ब्राउन उड ने लिखा है, 'जैसा कि अम्बर परगना में शामिल 120 सन्ताल गाँवों के लोगों के एक बड़े वर्ग के साथ किये गए कठोर और दुस्साहसी व्यवहार से पता चलता है कि रानी और उनके सलाहकारों ने इतनी बड़ी जमींदारी का प्रबन्धन करने में अपने आपको बिलकुल अयोग्य साबित किया है। इसलिए भविष्य में दुर्व्यवहार और अत्याचार के लिए उकसाने जैसी घटना की पुनरावृत्ति की रोकथाम के लिए सरकार से ऐसे बुरे आचरण वाले राज्य को रानी और उसके अधीनस्थों के प्रबन्धन से वापस लेने और कोर्ट ऑफ वार्ड्स की निगरानी में देने का आग्रह किया गया है।'

इसके अलावा, लचीमपुर शासन के परगनावासी बीर सिंह को उनके अनुयायियों के सामने पाकुड़ के अमले ने बेरहमी से जूतों से पीटा और उसे और उसके लोगों को उग्र होने और डाका डालने के लिए उकसाया।

मैकडुगल ने महसूस किया कि 'विद्रोहियों की दामिन-ई-कोह में मुख्य आर्थिक पीड़ा साहूकारों और छोटे अधिकारियों द्वारा अधिक और मनमानी वसूली की थी।' लेकिन जमींदार अमला, चाहे वह हिन्दू, मुसलमान या यूरोपीय जमींदार हो, आतंक फैलाता था। सन्ताल बड़े पैमाने पर शोषण की वजह उनसे नफरत करते थे। रेलवे स्टाफ के कुछ सदस्यों पर सन्ताल महिलाओं को छेड़ने का आरोप लगा था। मैकडुगल की राय थी कि सन्तालों के लिए लगान वसूली कोई मुद्दा नहीं था बल्कि कई तरह की सेवाओं और वसूलियों की व्यवस्था से सन्ताल नफरत करते थे।

बीर सिंह

वास्तव में 1854 में पहला मुक्तिदाता आन्दोलन तब खड़ा हुआ जब बीर सिंह ने घोषणा की कि उनके प्रमुख देवता चंडी बोंगा उसके सामने प्रकट हुए थे। उसके अनुसार उसके देवता ने जादुई सम्मोहन किया था जिसके जरिये वह जिस व्यक्ति को भी उसकी दौलत से मुक्त करना चाहे उसे तुरन्त गहरी नींद सुला सकता था। उसके अनुयायियों का एक समूह था जो रात की गुप्त बैठकों में मिला करता था। गोचो जैसा अमीर और बेगुनाह सन्ताल पुलिस द्वारा गिरफ्तार किया गया, उत्पीड़ित किया गया और उसके साथ अशिष्टता की गई। बीर सिंह की डकैतियों का दमन और गोचो का उत्पीड़न करने के लिए पुलिस अधिकारी ने जो घृणित तरीका अपनाया उसने सन्तालों को इतना आक्रोशित कर दिया कि बीरभूम, बांकुरा, छोटानागपुर

और हजारीबाग से 1855 की शुरुआत में छह या सात हजार लोग अपनी जाति के बेगुनाह लोगों को दंडित किये जाने का बदला लेने के लिए निकल पड़े।

एक समकालीन लेखक ने कथित रूप से दो सन्ताली महिलाओं के अपहरण, यहाँ तक कि हत्या और अत्याचार के कुछ अन्यायपूर्ण कृत्य जैसे रेलवे की लाइन पर नियुक्त यूरोपियों का बिना भुगतान किये उनके मेमने, मुर्गी आदि उठा लेने जैसे कुछ मामलों की सूचना दी थी।

इस प्रकार संक्षेप में, स्थिति कई कारणों से उग्र रूप धारण कर रही थी जिन्हें हूल के बारह साल बाद ई.जी. मन द्वारा बहुत निपुणता से व्यक्त किया गया था—'पहला, जनजातियों के साथ लेन-देन के मामलों में महाजनों या साहूकारों की लोभी और लुटेरी भावना का प्रभाव। दूसरा, ऋण के लिए व्यक्तिगत और वंशानुगत गुलामी की अनुमति देने वाली असमान व्यवस्था से बढ़ती पीड़ा। तीसरा, महाजनों की मदद करने और उकसाने में पुलिस का अत्यधिक भ्रष्टाचार और धन उगाही। चौथा, न्यायालयों से सन्तालों को समाधान प्राप्त होने की सम्भावना और आखिरी लेकिन सबसे अहम सन्तालों की खुद अपनी अदूरदर्शिता।' वास्तव में इन सारी चीजों ने मिलकर सन्तालों को विद्रोह के रास्ते पर ला दिया, जिसे सन्ताल शब्दावली में 'हूल' के नाम से जाना जाता है।

अफवाहें

सन्तालों के बीच प्रचलित इन अफवाहों के अलावा ठीक उसी समय पर गिरफ्तारियों ने भी तनाव की स्थिति उत्पन्न कर दी। इस असन्तोष और तनावपूर्ण स्थिति की खबरें वहाँ के सन्ताल बन्धुओं द्वारा उस क्षेत्र के दक्षिणी और पश्चिमी हिस्सों में साझा की गई। पारसनाथ पहाड़ियों के पास रहने वाले सन्ताल मुखिया मोरगो राजा को अस्पष्ट संकेत दिये गए तो उसने दक्षिण के सन्तालों को एक स्वतंत्र राज्य के लिए संगठित करने का काम अपने सिर ले लिया।

तनावपूर्ण स्थिति की व्याख्या के लिए उचित होगा कि कुछ अफवाहों के बारे में चर्चा की जाए जो सन्तालों के बीच फैली हुई थीं। उनमें से एक अफवाह यह थी कि एक मरभुख नामक काल्पनिक साँप आसपास घूम रहे हैं और लोगों को निगल रहे हैं। सन्तालों को साँप से बचाने के लिए कई एहतियाती उपाय किये गए थे। सुलह के धार्मिक संस्कार करने के लिए कई पुरुषों को उनके घर और

काम से दूर रखा गया था और खेतों की उपेक्षा की गई थी। उनकी अनुपस्थिति में डरी हुई उनकी पत्नियों को बिस्तर में ही पड़े रहने को कहा गया था, उन्हें अपने पाँव जमीन पर रखने की अनुमति नहीं थी। बिरसा की अन्य आकाशवाणियों में उनके उलगुलान के दौरान ऐसे ही कदम उठाए गए थे। जैसे—काम से दूर रहना और खेती की उपेक्षा करना। अबुआ राज (हमारा राज्य) की स्थापना बिरसावादियों का सपना भी रहा है। उन्होंने यह सब अपनी इच्छापूर्ति के लिए किया था। बिरसा विद्रोह (1895-1900) से पचास साल पहले सन्तालों को उसी तरह की मानसिक स्थिति से गुजरना पड़ा था।

एक और अफवाह थी कि एक रहस्यमयी भैंस जैसी गाय पूरे देश में घूम रही है और जहाँ कहीं भी यह चरने के लिए रुकती है वहाँ सभी लोग मर जाते हैं। इस गाय से अपने को बचाने के लिए सन्तालों ने अपने घरों और गाँवों के चारों तरफ की घास खोद डाली थी।

इस तरह की एक अफवाह और भी चल रही थी कि सन्ताल अपने बीच रह रहे बाहरी लोगों (दिकू) को मारने आ रहे हैं, यह बात खासकर उनके लिए सबसे अधिक घृणित बंगालियों के प्रति फैली थी। यह इंगित करने के लिए कि इस गाँव में सन्ताल रहते हैं, गाँव की सीमाओं पर बैल की खालें और बाँसुरियाँ लटका दी गई थीं। क्योंकि उन्हें भय था कि वे भी मारे जाएँगे।

जिन महिलाओं के बच्चों की संख्या एक समान थी उनको बेनामी आदेशों द्वारा एक दूसरे का मित्र बनने और उपहार का आदान-प्रदान करने को प्रोत्साहित किया जाता था। वे एक दूसरे के पास जाती थीं और कपड़ों का लेन-देन करती थीं और एक साथ भोजन करती थीं। शायद इस प्रथा को सन्तालों में व्यक्तिगत रूप से आपस में और विभिन्न ग्रामीण समुदायों और वर्गों के बीच एकजुटता की मजबूत भावना उत्पन्न करने के लिए शुरू किया गया था, ताकि जब विद्रोह शुरू हो जाए तो सन्ताल सामूहिक रूप से मोर्चाबन्दी कर सकें।

सन्तालों का पूरा जनजातीय समुदाय इन अनजान अफवाहों से बहुत परेशान था। इन अफवाहों की शुरुआत कहाँ से हुई इसका पता कभी नहीं चल सका। अफवाहों से इस सामान्य बेचैनी का विस्फोट इधर-उधर हिंसा के रूप में होने लगा। कुछ सन्तालों ने व्यापारियों और साहूकारों के गलत तरीके के कमाए गए धन को डाका, सेंधमारी और चोरी के जरिये लूटने का प्रयास किया। शायद यह उनसे की गई जबरन वसूली का प्रतिशोध था।

अध्याय-3

मुक्तिदाता

सन्तालों जैसे दबे-कुचले लोगों का मन-मिजाज इस तरह का हो जाना निश्चित था। उनकी जाति बड़े तनाव की स्थिति के लिए तैयार थी। ब्रेडली बर्ट के शब्दों में, 'दामिन में वर्ष 1854 की सर्दी का समय आन्दोलन और अशान्ति का समय था। लेकिन फिर भी यह विद्रोह अब तक सत्ता में बैठे उन लोगों की आँखों से ओझल था जिनसे इस विद्रोह का सबसे अधिक सम्बन्ध था। यहाँ तक कि पहाड़ी क्षेत्रों की सीमाओं से भी परे सभी जनजातियों के बीच एक तरह की गहरी, रहस्यमयी भावना की तीव्र लहरें फैल रही थीं जो बीच-बीच में आलसी सन्तालों को उनके अस्तित्व के केन्द्र में ला देती थीं। प्रदेश के एक छोर से दूसरे छोर तक, सबसे दूर-दराज के गाँवों और जंगल के गुप्त स्थानों तक असन्तोष की अदृश्य भावना हवा की तरह पहुँच गई। वह अद्‌भुत भावना जिसे न तो देखा, छुआ या सुना जा सकता है, आदिम व्यक्ति का तोहफा है जो खासतौर से सन्ताल जाति को दिया गया है। किसी अन्य को नहीं। आदिवासी जंगलों की गहराई में प्रकृति के साथ रहे हैं। उन्होंने पाँच इंद्रियों के सहजबोध से समझने की शक्ति को तेजी से विकसित किया है।'

यह सब 1854-55 की गर्मी भर चलता रहा, हालाँकि अब तक खुले विद्रोह का विचार मुश्किल से अंकुरित हो पाया था। असन्तोष की भावना और जुड़ी घटनाओं की पूर्व जानकारी एक दूसरे से होती हुई पूरी जनजाति में पहुँच गई। प्रत्येक गाँव में दिन भर की मेहनत के बाद सन्ताल अपने पड़ोसियों से मंघीथान पर मिलते थे और अपनी पीड़ा कानों-कान बहुत धीमी आवाज में पहुँचाते थे। वे खामोशी से इन्तजार

करते थे और यह खामोशी उनके मुखिया के भारी-भरकम शब्दों से टूटती थी। दामिन में लम्बे समय से विरोध की इस अर्ध-स्पष्ट भुनभुनाहट को बगावत की अनियंत्रित लपट का रूप देने के लिए केवल एक छोटी सी चिंगारी की जरूरत थी। सन्तालों की सहनशक्ति अपने निम्न स्तर पर पहुँच गई थी जबकि उनकी भावनाएँ पूरी तरह आवेश से भर चुकी थीं। पूरे सन्ताल प्रदेश को जलाने के लिए केवल एक चिंगारी की जरूरत थी। वह चिंगारी बारहेट से आधा मील दूर स्थित भगानडिही के सिदो और कानू के साथ उनके भाइयों चाँद और भैरव ने लगाई।

दैवी रहस्य

डॉ. दत्त ने ठीक ही लिखा कि धर्म आम जनता के बीच बड़ी उत्तेजक शक्ति के रूप में काम करता है। यहाँ भी धर्म में दैवी चमत्कार पर विश्वास करने वाले रहस्यवादी और अन्धविश्वासी लोगों को झिंझोड़ने की बहुत शक्ति थी। महान आत्मा मारंग बुरु प्रकट हुई थी और बोली थी, और इतनी अफवाह फैलते ही श्रद्धा की सिहरन पूरी जाति तक पहुँच गई। हालाँकि सन्तालों के देवता अदृश्य होते हैं और उनकी पूरी देवकथा में कोई दैवी प्रकटीकरण पहले कभी नहीं हुआ जिसका सबूत इनसानी आँखों के सामने आया हो। सन्देहरहित आस्था के साथ उन्होंने अफवाह को स्वीकार कर लिया। सिदो और कानू "रात में अपने घर में बैठे थे कई तरह की चीजें उनके दिमाग में घूम रही थीं। उनके भाई चाँद और भैरव दस मील दूर सीमुल में थे। अचानक सिदो के हाथ पर कागज का एक टुकड़ा गिरा और सिदो और कानू की चकित आँखों के सामने ठाकुर (देवता) प्रकट हो गए। उनकी शक्ल गोरों की तरह थी, हालाँकि वह स्थानीय कपड़े पहने हुए थे। उनके प्रत्येक हाथ में दस उँगलियाँ थीं। उनके हाथ में एक सफेद किताब थी। किताब और उसके साथ 5 की खेप में कागज़ के 20 टुकड़े थे। उन्होंने भाइयों को प्रत्येक खेप में चार ऐसे टुकड़े दिये जो ऊपर की तरफ उठे और अदृश्य हो गए। कागज का एक और टुकड़ा सिदो के सिर पर गिरा। उसके बाद दो लोग आए जिनमें से प्रत्येक के एक हाथ में छह उँगलियाँ थीं, उन्होंने ठाकुर के आदेश का संकेत दिया और उसी तरह अदृश्य हो गए। बाद में पता चला कि ये सेंट जॉन के गॉस्पेल के अंग्रेजी संस्करण के पृष्ठ थे।"

ब्रेडली बर्ट ने उल्लेख किया कि मारंग बुरु एक बार नहीं सात बार प्रकट

हुआ था और हर बार अलग रूप में प्रकट हुआ था। पहले वह आसमान से नीचे आते हुए बादल के रूप में, उसके बाद आग की जबान के रूप में, तीसरी बार धुंध में ढके हुए नकाबपोश की शक्ल में, चौथी बार पूरे सूर्य प्रकाश की छाया के रूप में जहाँ कोई सांसारिक छाया नहीं पड़ती थी, पाँचवीं बार अचानक पृथ्वी से निकलते हुए पर्वत की शक्ल में, छठी बार झूमते हुए साल के वृक्ष की तरह, जहाँ कोई पेड़ नहीं उगता और अन्त में सन्ताल जैसा वस्त्र धारण किये हुए गोरे व्यक्ति की तरह।

हंटर इसका विवरण थोड़ा अलग तरीके से देते हैं, 'उनका कहना है कि सन्तालों के देवता लगातार सात दिन प्रकट हुए, पहले गोरे व्यक्ति के रूप में जो स्थानीय वेश-भूषा में थे, उसके बाद आग की लपट के रूप में जिसके बीच में चाकू चमक रहा था। उसके बाद साल के तने के छिद्रित टुकड़े की तरह जिससे सन्ताल की बैलगाड़ी का पहिया बनता है। देवता ने दोनों भाइयों को पवित्र ग्रंथ दिया और आकाश ने कागज के टुकड़ों की बरसात की जिसे गुप्त तरीके से पूरे सन्ताल क्षेत्र में फैलाया गया। प्रत्येक गाँव में बिना किसी स्पष्टीकरण के एक रद्दी कागज प्राप्त हुआ, लेकिन उसके साथ यह धारणा जुड़ी हुई थी कि यह राष्ट्रीय देवता के कोप से बचाएगा, इसे पास के गाँव तक बिना एक क्षण देरी किये बढ़ा देता था।' इस तरह एक हाथ से दूसरे हाथ और एक गाँव से दूसरे गाँव तक कागज के यह टुकड़े पहुँचते रहे जो जाहिर तौर पर अर्थहीन और अस्पष्ट थे, लेकिन पूरी जाति को अन्दर तक हिला देने वाले और सन्ताल मन को पूरी ताकत देने वाले थे।

कानू और सिदो का नेतृत्व

इस तरह से अपने देशवासियों के बीच किसी महान घटना की सामान्य उम्मीद जगाने के बाद, सिदो और कानू और अन्य नेताओं ने व्यर्थ ही आशा की कि उनके अंग्रेज गवर्नर इस मामले की जाँच करेंगे, और 1827 के अधिनियम 1 का विस्तार करके उनकी गलतियों का निवारण करेंगे, लेकिन उनके अंग्रेज गवर्नरों ने ऐसा नहीं किया, उनके पास ऐसी पूछताछ करने के लिए समय नहीं था।

उन्होंने न्याय करने के लिए मुख्य अधिकारी को एक याचिका दी जिसमें अस्पष्ट रूप से कहा गया था कि उनके देवता ने उन्हें और इन्तजार नहीं करने

की आज्ञा दी है। वह अधिकारी लोगों या उन पर किये गए जुल्म के बारे में कुछ नहीं जानते थे। हंटर ने टिप्पणी की है, 'एक निकम्मे और अव्यावहारिक प्रशासन के पास केवल अपने राजस्व की फिक्र करने का समय था। सन्ताल यह काम प्रभावी ढंग से करते रहे। लोगों के बारे में हमारी अज्ञानता, हमारे खिलाफ भयानक प्रतिशोध के रूप में सामने आई। इसके लिए किसी एक अधिकारी को नहीं, बल्कि पूरी व्यवस्था को दोष दिया जाना चाहिए।'

अंग्रेज अधीक्षक हमेशा की तरह राजस्व जुटाते थे और शिकायतों को दरकिनार कर देते थे। निराश सन्ताल नेता प्रान्त के एक संभाग के अंग्रेज प्रभारी की शरण में गए। कहा जाता है कि उसने उन लोगों से साफ-साफ कह दिया कि वह समस्याओं का समाधान नहीं करेगा, वे खुद उसका समाधान करें। वह यह नहीं समझ पाया कि सन्ताल चाहते क्या थे। प्रशासन पहले की तरह घटिया बना रहा। सन्ताल नेताओं ने कहा, 'ईश्वर महान है लेकिन वह बहुत दूर है।' अन्तिम सहारा साल पेड़ की डाल उठाए दूत रह गए थे जिनको प्रत्येक पहाड़ की घाटियों में भेजा गया और इस प्रतीक की आज्ञा मानने वाला जन-समूह अपने हाथों में अचूक धनुष और तीर लिये हुए इकट्ठा होने लगा। उन्हें इसके उद्देश्य के बारे में जानकारी नहीं थी लेकिन कागज के टुकड़ों ने उनकी उम्मीदें जगा दी थीं।

इस प्रकार सिदो और कानू ने सन्तालों का जो नेतृत्व किया वह चिन्तनशील नेतृत्व था। कोई कार्रवाई जल्दबाजी में नहीं की गई थी, बल्कि हर कदम मौजूदा स्थिति के स्वाभाविक परिणाम के हिसाब से उठाया गया था। सिदो द्वारा लगातार अपनाई गई अपील और आग्रह की नीति, उनकी बुद्धिमत्ता का परिचायक थी। सिदो का सीधा मकसद साहूकारों को अलग-थलग करना और ब्रिटिश पुलिस और न्यायाधीश को उनके (साहूकारों) हितों की रक्षा करने पर रोक लगाना था, जो वे परम्परागत रूप से करते रहे थे। सम्भव है कि ऐसी अज्ञानता और इन शोषकों की तरफ से मिलने वाली गैरकानूनी लाभ के कारण रहा हो, लेकिन अधिकारियों को ग्रामीणों के इन उत्पीड़कों से अलग खड़ा रहना चाहिए था। तत्कालीन प्रशासन को जिम्मेदार रहने और सन्तालों पर साहूकारों द्वारा किये गए अत्याचार का सहयोग करने से अलग रहने का अवसर दिया गया था। यदि अधिकारियों ने इस बात का ध्यान नहीं रखा तो सिदो के पास सन्तालों की सभा बुलाने के अलावा कोई विकल्प नहीं बचा था, ताकि अपने ठाकुर के आदेश के रूप में अपनी अन्तरात्मा के आदेश की अपने लोगों को जानकारी दी जाए।

विद्रोह का विस्फोट

इस प्रकार 30 जून, 1855 को लगभग 1000 सन्ताल भगनडीह में एकत्र हुए। भागलपुर के मजिस्ट्रेट मि. रिचर्डसन ने 56 और 9000 की सुनवाई की, परन्तु मि. ड्रोसे ने 8000 की सुनवाई की, जहाँ दैवी आदेश हुआ कि सन्ताल अपने उत्पीड़कों से बाहर निकल जाएँ, नियंत्रण की घोषणा की गई उन्हें सिदो और कानू द्वारा सन्तालों ने बंगाली और देशी महाजनों को खत्म करने, देश पर कब्जा करने और अपनी सरकार स्थापित करने के अपने दृढ़ संकल्प की घोषणा की।

भाइयों को लगा कि उन्होंने ऐसा तूफान खड़ा कर दिया है जिसे वे काबू नहीं कर सकते थे। छावनी के माध्यम से कलकत्ता की तरफ मैदान की ओर बढ़ने का एक सार्वजनिक आदेश दिया गया। 30 जून, 1855 को एक दल रवाना हो गया। कार्सटेयरर्स अपने उपन्यास *हार्म्स विलेज* में दावा करते हैं कि 'देवता बनाने वाली कम्पनी' (ईस्ट इंडिया कम्पनी) को विरोध-पत्र देने का यह अन्तिम प्रयास था जिसका मकसद कभी पूरा नहीं हुआ।

हंटर के विवरण के अध्ययन से पता चलता है कि सन्ताल विद्रोह या हूल मुख्य रूप से हिन्दुओं की वजह से हुआ क्योंकि उन्होंने सन्तालों से जबरी वसूली और अत्याचार के सन्दर्भ में हर जगह स्पष्ट रूप से शब्द हिन्दू का प्रयोग किया है। लेकिन तथ्य बिलकुल अलग सचाई बताते हैं। कुछ निश्चित जातियों जैसे कुम्हार, तेली, लोहार, मोमिन (मुसलमान बुनकर), चमार (जूता बनाने वाले) और डोम सन्तालों के आज्ञाकारी थे और कई तरह से उनकी मदद करते थे, उन लोगों को प्रतिशोध से छूट मिली हुई थी। कमिश्नर ने लिखा, 'सभी विवरणों से पता चलता है कि सन्तालों को उत्पीड़न की कार्रवाई के लिए ग्वालों, तेलियों और कुछ अन्य जातियों द्वारा उकसाया गया था। इन लोगों ने उन्हें खुफिया जानकारी दी थी, उनके ढोल बजाए थे, उनकी कार्यवाहियों का मार्गदर्शन किया था और जासूसी के काम किये थे। इन लोगों को और लोहारों को जिन्होंने उनके धनुष और तीर बनाए थे। इन्हें उचित दंड मिलना चाहिए और ऐसी किसी भी घोषणा में इन्हें तत्काल शामिल किया जाना चाहिए, जो सरकार के खिलाफ विद्राहियों का साथ देना उचित समझते हैं।'

शनिवार 18 असाढ़, 1262 बी.एस. (विक्रम संवत्) को सन्ताल अपना अभियान शुरू करने से पहले बागी लोगों की अति पूज्यनीय स्थानीय देवी को मनाने के लिए भागनाडीह से पचकठिया में पड़ोस के बाजार की तरफ बढ़े। इससे

पता चलता है कि सिदो और कानू में हिन्दुओं के खिलाफ ऐसी कोई भावना नहीं थी, इसके बजाय उनका मकसद उस अत्याचार को मिटाना था जिससे उनके लोग पीड़ित थे। अत्याचारी हिन्दू, मुसलमान या यूरोपीय जो भी रहे हों उनसे एक जैसा प्रतिशोध लिया जाना था। यह सिदो के नेतृत्व की कामयाबी थी कि वह अपने लोगों के क्रोध को उनकी पीड़ा के लिए जिम्मेदार प्रमुख लक्ष्यों पर केन्द्रित रखने में सफल रहे थे, चाहे वे हिन्दू सूदखोर रहे हों या अंग्रेज या ब्रिटिश पुलिस दरोगा। सिदो ने एक परिपक्व नेता की तरह काम किया और अपने लोगों के लिए मुक्तिदाता के रूप में उनकी भूमिका सबसे दिलचस्प है। हूल में हम लोगों की साफ तसवीर देख सकते हैं कि विद्रोह का रास्ता अपनाने के लिए उन्हें उकसाया गया था। वे स्वयं अपनी किसी व्यवस्था के लिए भी प्रयासरत थे। खुद अपनी व्यवस्था के साथ अपना राज जिसमें लगान की अपनी दरों के साथ वसूली की अपनी व्यवस्था हो।

अध्याय-4

हूल

जनजातीय इतिहास में ऐसा पहली बार हो रहा था। सिदो, कानू, चाँद और भैरव के महान नेतृत्व ने सन्तालों को हर तरह से व्यवस्थित कर दिया। हजारों की संख्या में सन्ताल व्यापारिक केन्द्रों, जमींदारों और प्रशासन को लूटने के लिए निकल पड़े। वे बारहेट पहुँच गए।

बारहेट की सभा बहुत विशाल थी। पूरी आबादी ने साल की शाखा से बुलावे की प्रतिक्रिया दी थी। बीरभूम और आसपास से कई अन्य लोगों के शामिल होने से भीड़ और बढ़ गई। उनके भी दुख कम नहीं थे। वे दिन-रात बैठे बातें करते रहते थे। सन्ताल अपनी पीड़ाओं पर चर्चा करने और बदला लेने के लिए संकल्प लेना पसन्द करते थे। अब वे एक साथ आ गए थे और आधे-अधूरे उपायों से सन्तुष्ट होने वाले नहीं थे, बल्कि घृणित सूदखोरों और उनके सभी सहायकों को साफ कर देना चाहते थे। ब्रेडली बर्ट ने लिखा है, 'उनके साथ हुए अन्याय के खिलाफ भावपूर्ण शब्दों में बसी हुई साहसी आत्माएँ उनके अन्दर प्रवेश कर गई थीं और प्रतिशोध और बदले की भावनाओं को भड़का दिया था। यह बहुत पहले की बात नहीं है कि पूरी विशाल सभा से सर्वसम्मति से गहरी हुंकार उठी और यह आवाज महाजन, जमींदार, पुलिस और उन सभी लोगों के लिए मौत की आवाज थी, जिन्होंने इतने सालों से उनका उत्पीड़न किया था।' लेकिन ब्रेडली बर्ट की इस बात पर विश्वास करना मुश्किल है कि ब्रिटिश राज और उनके प्रतिनिधियों के खिलाफ शत्रुता के कोई विचार नहीं थे।

सिदो और कानू ने महसूस किया कि उन्होंने जो तूफान खड़ा कर दिया था सम्भवत: वे उस पर नियंत्रण नहीं रख सकते थे। खाने-पीने की वस्तुओं की कमी हो रही थी। अन्त में 1855 में जून के अन्त में शिविर के माध्यम से कलकत्ता की ओर मैदानी इलाके में आगे बढ़ने का सार्वजनिक आदेश दिया गया और 30 जून, 1855 को व्यापक अभियान शुरू हो गया। दावा किया जाता है कि उस दिन सन्ताल नेताओं ने भागलपुर संभाग के कमिश्नर और भागलपुर और बीरभूम जनपद के मजिस्ट्रेटों और कलेक्टरों और जिनके अधिकार क्षेत्र से होकर उनका रास्ता गुजरता था, उन विभिन्न पुलिस इंस्पेक्टरों को चेतावनी दी। हंटर ने लिखा कि इतना बड़ा पत्र कभी अपने गंतव्य तक पहुँचा इसकी जानकारी उनको कभी नहीं हो पाई, लेकिन समकालीन लेखक ने पूरे तथ्यों के साथ इसकी प्रामाणिकता प्रदान की है। चेतावनी में मुख्य रूप से सूदखोरी के खिलाफ कानून बनाने, राजस्व की नई व्यवस्था करने, जबरन वसूली करने वाले हिन्दुओं को सन्ताल देश से बाहर निकालने (कुछ अन्य के अनुसार उन्हें मार डालने) का अनुरोध किया गया था।

अकेले सन्ताल नेताओं के अंगरक्षकों की संख्या 30,000 थी। जब तक खाने पीने की चीजें थीं, प्रदर्शन व्यवस्थित रहा लेकिन इन चीजों का भंडार खत्म होने के साथ लूटपाट या परोपकारी उगाही शुरू हो गई।

दरोगा की हत्या

7 जुलाई, 1855 को दिघी थाना के दरोगा और नायब सेजावाल महेश लाल दत्त बहुत कम पुलिस फोर्स के साथ सन्तालों के यहाँ आ गए। वास्तव में सन्तालों के इरादों से घबराए हुए सूदखोरों द्वारा उन्हें उकसाया गया था। दरोगा सन्तालों से मिला और उनकी पीड़ाओं के समाधान की उम्मीद दिलाकर उनको शान्त करने का प्रयास किया। लेकिन अचानक यह अफवाह फैल गई कि वह दोनों भाइयों को किसी आरोप में पकड़ने के लिए वहाँ आया है। पूरी भीड़ उस पर दौड़ पड़ी और उसे और उसके साथ आए सिपाहियों को बाँध दिया। प्रमुख नेता सिदो ने हड़बड़ी में सुनवाई के बाद उस भ्रष्ट दरोगा को मार डाला जिसकी उस क्षेत्र में दो दशकों से तूती बोलती थी। सिपाहियों की भी हत्या कर दी गई। पड़ोस का पंचकठिया बाजार में सन्तालों द्वारा महाजनों—मानिक चौधरी, गोराचंद सेन, सार्थक रक्षित, नियामी दत्ता और हीरू दत्ता को मार डाला गया। गोड्डा उप संभाग में थाना कुरहुरिया

के नायब सेजावाल प्रताप नारायण की सोनार चाक ले जाकर हत्या कर दी गई।

बारहेट बाजार की लूट

विद्रोहियों ने जल्द ही बारहेट बाजार को लूट लिया। उसके बाद उन्होंने धनुष और जहरीले तीरों, कुल्हाड़ियों और तलवारों के साथ अपने रास्ते में लूट और नृशंसता करते हुए विभिन्न दिशाओं में कूच किया। अपनी जान जाने के भय से उन जगहों के बंगाली और गैर-बंगाली रहवासी भाग खड़े हुए। कानू ने बाबूपुर से पंचकठिया जाते हुए एक स्थानीय सेजावाल खान साहब की हत्या कर दी।

सरकार का रवैया

इन हत्याओं ने अभियान के पूरे चरित्र को बदल दिया। हंटर ने उल्लेख किया, 'इन आक्रामक पहाड़ियों ने खून का स्वाद चख लिया था और उनका पुराना जंगली स्वभाव वापस आ गया था।' लेकिन सन्तालों को रक्तपिपासु और घुमक्कड़ कहना अनुचित होगा। हालाँकि उन्होंने खुद स्वीकार किया है कि उनकी कार्यवाहियों में कठोर न्याय का एक निश्चित वातावरण था। नेताओं के पास हिन्दू सूदखोरों का तत्काल वध करने लेकिन अन्य सभी वर्गों की रक्षा करने के आदेश की आकाशवाणी थी। अज्ञानी भीड़ को यकीन दिलाया गया था कि दक्षिण में मौजूद बड़े अंग्रेज स्वामी इन कार्यवाहियों की मंजूरी देंगे।

नील की खेती और रेलवे के निर्माण में लगा एंग्लो-इंडियन समुदाय भली-भाँति जानता था कि इंग्लैंड बदला ले सकता है, लेकिन वह यह भी जानता था कि इंग्लैंड को बचाने के लिए आने में बहुत देर हो सकती है। जनता में फैली घबराहट के समाधान की जिम्मेदारी सरकार की थी। यह कई स्थायी कारणों में से एक था, लेकिन अकेला कारण नहीं था जो भारतीय सरकार और एंग्लो-इंडियन प्रेस को पूर्ण संधि से रोकता था। भारत में ब्रिटिश सरकार शुरुआती अवस्था से ही इस सम्बन्ध में अपनी जिम्मेदारी को जानती थी। वास्तव में कुछ अवसरों पर ऐसा लगता था कि इस घटना ने उन्हें दो विपरीत बिन्दुओं पर खड़ा कर दिया था। अधिकारियों ने बाहरी समुदाय के बारे में बढ़ा-चढ़ा कर बताने की तुलना में बड़े और जानलेवा खतरों को कम करके आँका था।

एक समकालीन लेखक ने बताया है कि अन्त में जब यह तूफान उठ खड़ा हुआ तो 80 मील दूर तक 1200 सैनिक नहीं मिल सके थे। पूरे एक पखवाड़े तक सन्तालों ने पूरे पश्चिमी जिलों में आगजनी और तलवार का खेल जारी रखा था। हथियारबन्द भीड़ पर उनके उन नेताओं का नियंत्रण समाप्त हो चुका था जिन्होंने उन्हें जुलाई 1855 के अन्त से पहले उत्तेजित किया था। बीसों गाँव जला दिये गए और हजारों मवेशी हाँक ले जाए गए। अंग्रेज सैनिकों को खदेड़ दिया गया और कई अंग्रेज जिनमें दो महिलाएँ भी शामिल थीं मार डाले गए। कई छोटे इंग्लिश स्टेशन और कारखाने दंगाइयों की रहम पर खड़े थे।

कम्पनी सरकार का ध्यान स्वाभाविक रूप से इसके दमन की ओर गया। जिन लोगों ने भी सुना उन पर यह खबर वज्रपात की तरह गिरी। बंगाल के केन्द्र में विद्रोह हो गया और ऐसी कौम के लोग पूरे देश में अप्रत्याशित रूप से हथियार उठाए हत्या और दंगा कर रहे थे जिनके बारे में पहले लगभग कुछ सुना ही नहीं गया था। किसी भी एंग्लो-इंडियन व्यक्ति की स्मृति में ऐसी घटना नहीं थी।

इस घबराहट में केन्द्र सरकार ने कुछ भी साझा करने से इनकार कर दिया। सरकार केवल अपने सामने मौजूद साक्ष्य के आधार पर कार्यवाही कर सकती थी। स्थानीय अधिकारियों ने जितना महसूस किया उसकी तुलना में बहुत कम लिखा। प्रान्तीय अभिलेखों से हालात का पूरा अन्दाजा नहीं होता था। जिस पत्र से कोई भारतीय अधिकारी सबसे अधिक डरता था वह था, खतरे की सूचना देने वाला पत्र। चूँकि जब मौके पर मौजूद अधिकारी इस बवंडर का सही अन्दाजा करने में नाकाम होते थे, और जब तबाही के साथ इसका विस्फोट होता था तो स्वाभाविक प्रवृत्ति थी कि इसे कम करके आँका जाए। यह भी कुछ छुपाने की नीयत से था या होश-हवास के बिना दी गई उनकी रिपोर्ट गुमराह करने वाली थी। हालाँकि तथ्यों के मामले में उनकी सत्यता सवालों से परे थी। उनमें से कुछ ने कुछ महीने पहले बताया था कि उनके अधिकार क्षेत्र में अपराध बहुत कम हो गया है। नई और अधिक प्रभावी पुलिस ने उचित कार्रवाई की थी। लोग पहले कभी इतने सन्तुष्ट नहीं थे या कुल मिलाकर जनपद इतना खुशहाल कभी नहीं था। जिन लोगों ने फरवरी 1855 में बहुत मेहनत से उपरोक्त बातें लिखी उनको यह समझने में समय लग गया कि जुलाई के महीने में उनका जिला विद्रोह का केन्द्र था।

बंगाल में रात में घरों पर हमले सामान्य बात हो गई थी। यह ठीक-ठीक कह पाना मुश्किल था कि किस परिस्थिति में ऐसे दुस्साहस नागरिक अपराध न

होकर खुला विद्रोह बन जाते थे। मुमकिन है कि रात के हमलों के एकाध मामलों में मजिस्ट्रेट का अनुमान सही रहा हो, लेकिन इसमें कोई शक नहीं कि इसी तरह के बहुत से मामलों में वह डकैती को विद्रोह समझने की गलती कर सकते थे। हंटर ने बताया है, 'प्रत्येक मजिस्ट्रेट लम्बे समय तक इस बात को स्वीकार करने से बचता रहा कि उनके जिले में सरकार के खिलाफ हथियार उठाया गया था। विद्रोह के आरोप में, चोरी या गैर-कानूनी रूप से इकट्ठा होने, लूट तथा हिंसात्मक हथियारों के साथ शान्ति भंग करने के आरोप में जो अदालत में पेश किये गए थे उन्हें सजा देना लम्बे समय तक टाला जाता रहा। अदालतों में यह सब हफ्तों तक चलता रहा जबकि बाहर दुर्भाग्यपूर्ण घटनाएँ होती रहीं। ऐसी दुर्भाग्यपूर्ण घटनाओं के बीच एक नागरिक अधिकारी को यह स्वीकार करना पड़ा कि उसके इलाके के लोग बगावत पर आमादा हैं और अधिकार उसके हाथों से निकल चुका है।' सरकार अपने सामने मौजूद रिपोर्ट से अन्दाजा लगाते हुए सतर्क नहीं हुई। सरकार ने सैनिकों को भेजा लेकिन सैनिक कानून की कठोरता से बचने को बेचैन थे। पिछली शताब्दी में अशान्त रहे सीमावर्ती जिलों के उदाहरणों को ध्यान में रखते हुए सैनिकों को नागरिक अधिकारियों के आदेश के तहत रखा गया था।

हंटर ने इस विषय पर लिखा है, 'लेकिन ऐसा करने में 1788 के कीटिंग के स्कूल के कलेक्टर और 1858 के कलेक्टर के बीच के फर्क की अनदेखी कर दी गई। मिस्टर कीटिंग को विधिशास्त्र के बारे में कुछ नहीं मालूम था, लेकिन उन्होंने अपने सैनिकों को वितरित करने के लिए रास्ते का चयन किया और उनकी आवागमन को पूरी क्षमता के साथ नियंत्रित किया। 1855 का कलेक्टर काफी हद तक अधिवक्ता की तरह था। उसने ज्यादा पारदर्शी तरीके से अपने जिले का प्रशासन चलाया था, लेकिन वह सैन्य रणनीति के बारे में कुछ नहीं जानता था। अब जो दायित्व उसको सौंपा गया था उसे उसकी जानकारी नहीं थी। उसने कभी भी क्षमता की कमी का बहाना नहीं किया। उसके सैनिक स्वभाव ने उसे अपने मातहत भेजे गए सैनिकों की नजर में हास्यास्पद बना दिया। अंग्रेज शिविर के भीतर मतभेद का राज था और बाहर विद्रोही मनमाने तरीके से लूट और हत्या को अंजाम दे रहे थे।

जनरल लॉयड

जुलाई 1855 में, सरकार को लगा कि और अधिक कठोर उपाय किये जाने चाहिए

और विद्रोहियों को खत्म करने की जिम्मेदारी निर्देशों के साथ अनुभवी कमांडर जनरल के हाथों में सौंप दी गई। यह जिलों को सैनिक-शक्ति प्रदान करने के बराबर थी। बाद में यह आदेश वापस ले लिया गया और जनरल का स्वतंत्र अधिकार खत्म कर दिया गया। सन्देश भेजा गया कि 'इरादा यह नहीं था कि सेना अपने अधीन लोगों के खिलाफ नागरिक शक्तियों से स्वतंत्र होकर काम करे बल्कि विद्रोहियों को तितर-बितर करने, पकड़ने और बगावत को खत्म करने के लिए सेना का अभियान पूरी तरह से सेना के कमांडरों के हाथ में होने चाहिए। इन उपायों ने सेना की कार्रवाइयों में जोश भर दिया और इससे प्रस्तावित लक्ष्य हासिल होता हुआ दिखाई देने लगा। एक के बाद दूसरी सैनिक टुकड़ियाँ पश्चिम में निवासियों की तरफ भेजी गईं, बचाने वालों को हथियार और प्रशिक्षण दिया गया। सरकार ने खासतौर से 2 अक्टूबर, 1855 को बीरभूम के जमींदार बाबू बिपाचरन चक्रवर्ती का शुक्रिया अदा किया। अंग्रेज बागबानों ने कूच करने के लिए पैसों के साथ सैनिक भी दिये, मुर्शिदाबाद के नवाब ने शानदार हाथी भेजे और पूरा खर्च वहन करने की बात की। बगावत को कुचलने के लिए असाधारण शक्तियाँ देकर एक विशेष कमिश्नर को नियुक्त किया गया।

जरविस का विवरण

मेजर विनसेंट जरविस और उनके लोगों को नये रेल-मार्ग द्वारा पहले बर्दवान और वहाँ से सूरी भेजा गया। उन्होंने बताया है, 'यह युद्ध नहीं था, यह कार्रवाई थी, हमें आदेश था कि जब कभी हम किसी गाँव के पास जंगल से धुआँ उठता देखें तो वहाँ जाएँ। हमारे साथ मजिस्ट्रेट जाया करते थे। मैंने अपने सिपाहियों के साथ गाँव को घेर लिया और मजिस्ट्रेट ने विद्रोहियों से आत्मसमर्पण करने को कहा। एक बार 45 की संख्या में सन्तालों ने मिट्टी के एक घर में पनाह ली हुई थी। मजिस्ट्रेट ने उनसे आत्मसमर्पण करने को कहा लेकिन जवाब में अधखुले दरवाजे से केवल तीरों की बौछारें मिलीं।' मैंने कहा, 'मजिस्ट्रेट जी, यह जगह आपके लिए नहीं है और मैं सिपाहियों के साथ वहाँ पहुँचा और दीवार तोड़कर एक बड़ा सूराख किया। मैंने विद्रोहियों से कहा कि आत्मसमर्पण करें वरना मैं गोली चला दूँगा। एक बार फिर दरवाजा आधा खुला और जवाब में तीरों की बौछार होने लगी। सिपाहियों की एक कम्पनी आगे बढ़ी और सूराख से फायर किया। अन्दर मौजूद लोगों से

मैंने एक बार फिर आत्मसमर्पण के लिए कहा। मेरे सिपाहियों ने फिर से बन्दूकें लोड कर लीं। दरवाजा फिर खुला और जवाब में तीर की बौछारें मिलीं। सिपाहियों में से कुछ जख्मी हुए, हमारे चारों तरफ गाँव जल रहा था। मुझे सिपाहियों को अपना काम करने का आदेश देना पड़ा। अन्त में जब दरवाजे से तीरों का आना धीमा पड़ा तो मैंने तेजी से अन्दर जाने और उनमें से कुछ को जिन्दा पकड़ने का फैसला किया। जब हम अन्दर गए तो वहाँ खून में लथपथ केवल एक बूढ़े को पाया। हमारे सिपाहियों में से एक उसके पास गया और हथियार फेंकने को कहा। बूढ़ा उस सिपाही पर झपटा और अपनी जंग लगी कुल्हाड़ी से उसे काट डाला।'

कमांडिंग अफसर आगे बताते हैं, 'यह युद्ध नहीं था, वे आत्मसमर्पण की बात नहीं समझते, जब तक उनका राष्ट्रीय ड्रम बजता है पूरा जत्था खड़ा रहता और खुद को गोलियाँ मारने देता है। अक्सर उनके तीरों ने हमारे सिपाहियों की जान ले ली, इसलिए हमें उन पर खड़े रहने तक फायर करना पड़ा। जब उनका ड्रम बजना बन्द हो जाता वे अपना हाथ भी नहीं हिलाते, फिर जब उनका ड्रम दोबारा बजना शुरू हुआ तो हमारे उनके पास पहुँचने और कुछ घूँसे बरसाने तक वे खामोशी से सख्त खड़े रहते। युद्ध में कोई सिपाही ऐसा नहीं था जिसको खुद पर शर्म न महसूस हुई हो। कैदियों में अधिकांश घायल लोग थे। हमें उनके खिलाफ लड़ने के लिए वे धमकाते थे। वे हमेशा कहते थे कि वे बंगालियों के खिलाफ लड़ाई लड़ रहे हैं अंग्रेजों के साथ नहीं। अगर एक भी अंग्रेज उनके पास भेजा गया होता जो उनकी पीड़ाओं को समझता और उनका समाधान करता तो वे कहते कि उनका काम युद्ध करना नहीं था। यह सही नहीं है कि वे जहरीली तीरों का इस्तेमाल करते हैं। उनमें जिन लोगों से मैं कभी भी मिला हूँ वे बहुत सच्चे और बहादुर लोग थे। उनका ड्रम बजना बन्द होने से पहले मेरे एक लेफ्टीनेंट को एक बार पचहत्तर लोगों को गोली मारनी पड़ी थी फिर उनका जत्था पीछे हटा था।'

यूरोपीय कारखाने लूटे गए

जरविस का विवरण सन्ताल काश्तकारी की पूरी तसवीर प्रस्तुत करता है। हंटर और ब्रेडली बर्ट बार-बार यह साबित करना चाहते थे कि सन्ताल अंग्रेजों के खिलाफ नहीं थे, लेकिन तथ्य कुछ अलग हैं। कई यूरोपीय, आक्रोशित लोगों के अन्धे जुनून का शिकार हुए। कारखानों पर हमले किये गए और उनको जलाकर खाक

कर दिया गया। उसमें रहने वाले अंग्रेज पुरुष और महिलाओं (श्रीमती थॉन्र्स और मिफली) को बेरहमी से काट डाला गया। एक बागबान (श्री हेनशावल या हेन्नेसी उनका बँगला राजमहल में अब भी खड़ा है) ने अपने बेटों के साथ बाहर जाते हुए सन्तालों से तर्क करने की कोशिश की, जैसे ही वह आगे बढ़ा तीरों की बौछार से उसे मार डाला गया। सन्तालों द्वारा ऐसा त्रिभुवन मांझी के नेतृत्व में किया गया। पहले बोरियो के त्रिभुवन मांझी और मानसिंह मांझी तथा मांझर टोली के रूप मांझी ने फौज जमा की और भोएपाड़ा की तरफ चल पड़े जहाँ साहब हौत के पास इकट्ठा थे। दो साहब हाथी पर थे और एक घोड़े की पीठ पर था। सन्तालों द्वारा पीछा किये जाने पर वे महाराजपुर झील तक जा सकते थे, वहाँ उनका रास्ता बन्द था। सन्तालों द्वारा उन्हें घेर लिया गया और कुल्हाड़ी से टुकड़ा-टुकड़ा कर दिया गया। दिगम्बर बाबू चक्रवर्ती ने कहा (जैसा कि डॉ. दत्त द्वारा उद्धृत किया गया), कि सिदो और कानू इन यूरोपीय महिलाओं और सज्जनों की हत्या का समर्थन नहीं करते थे। उन्होंने इनमें से कुछ दोषियों को सजा भी दी थी।

गंगा के किनारे अपने कारखाने में यूरोपवासियों का एक और जत्था तीरों की बौछार के बीच मुश्किल से जान बचाकर अपनी नावों से भाग पाया। सबसे अधिक घृणा जमींदार और महाजनों के प्रति थी इसलिए सबसे अधिक बर्बरता से उनकी हत्या की जाती थी। भागकर तालाब में पनाह लेने वाले एक जमींदार पर तब तक तीर मारा जाता रहा जब तक कि उसका सिर तीरों के तरकश जैसा नहीं हो गया। उसे घसीटकर बाहर निकाला गया और पास में मौजूद एक पत्थर पर उसको चौबीस टुकड़ों में काटा गया और जोरदार आवाज में कहा गया, 'फरकट्टी' (पूरा भुगतान)।

अपने पुराने दुश्मन संकारा के समर सिंह से कई अत्याचारों और उत्पीड़न का बदला लेने के लिए उन्होंने सबसे खराब सजा की योजना बनाई थी, लेकिन वह अपने गुनाहों की सजा पाए बिना बहुत जल्दी मर गया। नारायणपुर के जमींदार को उसके घर से पकड़ने के बाद, बाराकर नदी के पास उन्होंने यह चिल्लाते हुए उसके पैरों को घुटनों से काट दिया कि यह उसके ऋण के चार आना अर्थात चौथाई भाग का भुगतान था। फिर उसके पैरों को कूल्हे से यह कहते हुए काटा गया कि 'आठ आने का भुगतान हो गया' और फिर उसका सिर काटा गया और विजयी भाव में कहा गया 'फरकट्टी' (कर्ज की अदायगी पूरी हो गई)।

लम्बे समय तक अत्याचार झेलने के बाद बुरी तरह आक्रोशित विद्रोह की भावना के साथ उनकी जंगली-प्रवृत्ति वापस आ गई थी, और यहाँ तक कि निरंकुश

लूटपाट और डकैती का पहला बदला पूरा होने के बाद भी प्रतिरोध की जिद्दी भावना जागृत रही। सन्ताल एक सौ या इससे भी अधिक छोटे-छोटे समूहों में बँट गए और उन्होंने पूरे संकल्प के साथ यह मानते हुए विद्रोह जारी रखा कि जिन लोगों ने उनका उत्पीड़न किया था उनसे बदला लिये बिना पीछे हटने की उम्मीद नहीं की जा सकती। उनके साहस की अद्‌भुत कहानियाँ और खतरे के प्रति उनकी संवेदन-शून्यता पर, विद्रोह का दमन करने के लिए लगाए गए ब्रिटिश सेना के एक अफसर ने बयान दिया है, 'विद्रोह की अमानवीय क्रूरता को हर जगह आदमी को भून डालने, बच्चों को यातना देने, महिलाओं को चीरने-फाड़ने, खून पीने आदि के रूप में दर्शाया गया है। गाँव जला दिये गए। तबाह इलाकों सम्पत्ति को लूट ली गई। सन्तालों द्वारा सबसे अधिक हिंसा बंगालियों (महाजन) के खिलाफ की गई, जिन्हें सन्ताल अपना वास्तविक दुश्मन मानते थे।' उसी दौरान ओ'मेली ने लिखा कि सन्तालों ने सैनिकों के साथ संघर्ष में कुछ शिष्टता दिखाई। हालाँकि मारने या शिकार करने में जहरीले तीरों का इस्तेमाल करना उनकी परम्परा थी लेकिन उन्होंने उनका इस्तेमाल सैनिकों के खिलाफ नहीं किया। अन्त में, कम-से-कम एक उदाहरण उनके डाकिये को पकड़ लेने और उसके डाक थैले को लूट लेने का है। उन्होंने इस शर्त पर उसकी जान बख्श दी कि वह साल के पेड़ की तीन पत्तियों वाली एक शाखा लेकर यह दिखाने के लिए सूरी जाए कि वे तीन दिन में कस्बों पर हमला करेंगे।

डॉ. के.के. दत्त ने सैनिकों के हर दिन के कूच का विस्तार से उल्लेख किया। इसे उन्होंने भागलपुर के कमिश्नर और स्थानीय अधिकारियों के सहयोग से तैयार किया था। '15 तारीख तक विद्रोह ने दंगे की शक्ल ले ली। कमिश्नर नागरिकों के जीवन और सम्पत्ति की रक्षा के लिए कोई शान्तिपूर्ण रास्ता निकालने और संसाधन जुटाने को लेकर हताश थे। लोगों को इन सन्तालों के रहमोकरम पर या अपनी व्यवस्था खुद करने के लिए छोड़ दिया गया था।

गोड्डा के एक बुद्धिमान नील किसान जॉन फिट्‌जपैट्रिक ने 11 जुलाई को भागलपुर के आयुक्त को लिखा कि लगातार बर्बरतापूर्ण हत्याओं के कारण पड़ोस के निवासी भारी दहशत में हैं। सन्तालों के छह समूह, जिनमें शामिल लोगों की संख्या कई हजार थी, उनकी उम्र 20 साल से कम नहीं है, उस तरफ बढ़ रहे हैं। उन्होंने उन क्षेत्रों में रहने वाले बंगालियों को धमकी दी है कि वे उनके संहार का आदेश लेकर सुबह में वापस आएँगे।'

पाकुड़ राज पर आक्रमण

अम्बर परगना (पाकुड़ राज) में लखनपुर के एक सन्ताल सिंहराई गोचो मांझी के साथ विद्रोह में शामिल हो गया, जिसे राजा के लोगों द्वारा अपमानित किया गया था, पीटा गया था और गिरफ्तार किया गया था। लखनपुर को लूटने के बाद उनका ध्यान लिटिपाड़ा की तरफ गया। लिटिपाड़ा में इसराओ भगत, तिलक भगत और उनके गुमास्ता थूथा भगत द्वारा सन्तालों के शोषण का खेल जारी था। सन्तालों ने उनकी दुकानें लूट लीं और उनके गुमास्ता की हत्या कर दी। जबकि दोनों महाजन अन्य लोगों के साथ अपनी जान बचाने के लिए भाग गए। जीतपुर गाँव के कुछ दुकानदारों ने उन्हें मोहूल पेड़ की कन्दराओं में छुपा दिया। लेकिन सन्तालों को उनके दिकू (गैर-सन्ताल) जासूसों द्वारा इसकी जानकारी मिल गई। सन्तालों ने उन्हें खोज निकाला और मौत के घाट उतार दिया। इस घटना से जाहिर होता है कि कुछ गैर-सन्ताल गरीब लोगों ने भी अपने जीवन को असहनीय बना देने वाले उन शोषकों से छुटकारा पाने के लिए सन्तालों से हाथ मिला लिया था।

करनघाटी के मानिक सूरी और उसके बेटों की हत्या करने के बाद सन्तालों ने हीरापुर बाजार को लूट लिया। वे मानसिंहपुर गए जहाँ उनके साथ अम्बर परगना में त्रिभुवन सन्ताल उर्फ फरसाडिही के ठाकुर शामिल हो गए। बड़ी संख्या में छोटी जाति के दिकुओं (गैर-सन्तालों) द्वारा ताकत दिये जाने के बाद सन्ताल विद्रोही पाकुड़ के दो मील उत्तर में अवस्थित संग्रामपुर की तरफ बढ़े और रहमदी मंडल नामक एक धनी मुसलमान कृषक को लूट लिया और उसके घर को जला दिया।

पाकुड़ बुरी तरह दहशत में घिर गया था। पाकुड़ राज के दीवान ने, जितना सम्भव हो सके उतना बारूद हासिल करने की योजना बनाई ताकि सन्तालों के खिलाफ बन्दूकें दागी जा सकें। लेकिन यह योजना असफल हो गई। जमींदार का घर शरणस्थली बन गया था जहाँ गाँववालों ने अपनी पत्नियों और बच्चों को विद्रोह के शान्त होने तक रख छोड़ा था। लेकिन रोशन माहुत केवल थोड़ी मात्रा में बारूद लेकर पाकुड़ लौटा। दीवान ने इससे निराश होकर गाँववालों को अपने जीवन और सम्पत्ति की, जिस तरह भी सम्भव हो, खुद रक्षा करने का आदेश दे दिया। डॉ. दत्त ने गौरिहार चक्रवर्ती का जिक्र किया है जिन्होंने स्थिति का विवरण निम्न रूप में दिया था।

'महिलाओं, बच्चों के जोर-जोर से विलाप और पुरुषों की चीख-चिल्लाहट की आवाजें उठीं, वे बिना किसी निश्चित लक्ष्य के इधर-उधर भागने लगे, पिताओं ने अपने बच्चों को रोता-बिलखता दिशाहीन छोड़ दिया। बूढ़ों, कमजारों और बीमारों की फिक्र कोई नहीं कर रहा था। बंडल बाँधे और खोले जा रहे थे, हर चीज उलट गई थी। भाग-दौड़ में सब अस्त-व्यस्त हो गया था। संक्षेप में, एक भ्रामक और हृदय विदारक दृश्य उभर गया था जिसका वर्णन नहीं किया जा सकता, बस कल्पना की जा सकती है। हम उस समय केवल छह साल के थे फिर भी हमें वह दृश्य एकदम साफ याद है। सार्वजनिक शोक और भ्रम की वह घड़ी और हमारे दिमाग में जो छाप छोड़ गई वह कभी नहीं मिटेगी। जिस भय और चिन्ता में वे भयानक लम्बी रातें गुजरी थीं उनका वर्णन नहीं किया जा सकता। लेकिन सुबह होने से बहुत पहले पूरा गाँव खाली हो गया था। इस दुर्दशा में गाँववालों ने अपने घरों को छोड़ दिया, हालाँकि उन्हें मालूम नहीं था कि जाना कहाँ है, और जब बच्चे भूख से रोने लगें तो उनको खाने के लिए देना क्या है। खाने-पीने की सभी चीजें, सारा पैसा, बर्तन, फर्नीचर जो कुछ भी उनके पास था पीछे छूट चुका था। उनका केवल एक मकसद था कि उनके और सन्तालों के बीच जितना सम्भव हो सके दूरी बन जाए।'

सुरक्षा के लिए गंगा नदी को पार कर जाने का विकल्प था, लेकिन वह भी असम्भव था क्योंकि नदी में तेज बाढ़ आई हुई थी और नाव बहुत मुश्किल से उपलब्ध हो सकती थी। कदानसैर के नील किसान, चार्ल्स मेसीक ने इन भयग्रस्त लोगों को नाव उपलब्ध कराके बहुत बड़ी सहायता की थी।

सन्ताल 8 जुलाई, 1855 को पाकुड़ पहुँच गए और लगभग तीन दिन, तीन रात उस स्थान को अपने कब्जे में रखा। चौथे दिन 12 जुलाई, 1855 को सिदो, कानू, चाँद और भैरव स्थानीय जमींदार के घर में घुसे लेकिन उन्हें यह देखकर निराशा हुई कि जमींदार परिवार का सारा आभूषण जो गौड़ मदनमोहन के पास था उसे कहीं और हटा दिया गया था। गाँववालों के घरों को लूट लिया गया, जबकि दो बूढ़े बीमार और कमजोर लोगों की हत्या कर दी गई। दो बूढ़ी महिलाओं को सम्मान के साथ कुछ भोजन और पैसा दिया गया। पाकुड़ की रानी क्षेमासुन्दरी भागकर पहले जंगीपुर गईं लेकिन बाद में अपनी जमींदारी के बड़े और समृद्ध गाँव झिकरहटी चली गईं और शान्ति बहाल होने तक वहीं रहीं।

दीनदयाल की हत्या

सन्तालों के पाकुड़ से जाने के बाद उस जगह का सबसे धनी साहूकार दीनदयाल रे अपने भाई नन्दकुमार रे और अपने अनुयायियों स्रीतीधर पोद्दार, नीलकमल मंडल, निताई मंडल और जादेव मंडल के साथ वापस लौटा और अपने आपको अंबर परगना का जमींदार घोषित कर दिया। उसका जत्था हर दिन पास के सन्ताल गाँवों में जाता था और महिलाओं और बच्चों पर कई तरह के अत्याचार करता था। डॉ. दत्त ने लिखा है, 'जल्द ही उसे अपने अतिशय लोभ का दैवी प्रतिफल मिल गया। एक दिन, वह अपने भाई नन्दकुमार और बहन बिमला के साथ पाकुड़ की पूर्वी दिशा में चौधरीपोखर नाम के तालाब में नहाने गया था। अचानक बड़ी संख्या में सन्ताल वहाँ पहुँच गए। नन्दकुमार और बिमला ने तुरन्त भागकर अपनी जान बचाई, लेकिन दीनदयाल मोटा और बूढ़ा होने की वजह से नहीं भाग पाया। सन्तालों ने उस पर तीर, धनुष, तलवार और कुल्हाड़ियों से हमला कर दिया और उस पर अपने खूँखार कुत्ते छोड़ दिये जिन्होंने उसके अंगों से मांस नोच डाले। इससे पहले कि सन्ताल उस पर आखिरी वार करते, दीनदयाल के पूर्व नौकर जगन्नाथ सूरदार ने, जो बाद में सन्तालों के साथ शामिल हो गया था, अपनी कुल्हाड़ी से उसके अंगों के टुकड़े-टुकड़े कर दिये और चीखते हुए कहा कि इन्हीं उँगलियों से तू अपने सूद और बुराई से कमाई गई दौलत को गिना करता था, तूने भूखे गरीबों के मुँह का निवाला छीना था। वे दीनदयाल का सिर कुछ कदम दूर स्थित चक्रपाणिश्वर मन्दिर ले गए और उसे मन्दिर की दीवार के ताख पर रख दिया। बिमला पास में मौजूद एक खाई में छुप गई थी। उसने अपने भाई के दुखद अन्त को देखा था और पाकुड़ के निवासियों ने उसके भाई की हत्या का पूरा विवरण उसी की जुबान से सुना था।

सन्तालों ने घनश्याम मारिया, दो बैरागियों और दो मुसलमान फकीरों को उस समय मार डाला जब वे बरगद के पेड़ के नीचे अपना खाना पका रहे थे। उसके बाद उन्होंने कालीपुर, बलियापुर, बलिहारपुर, शहबाजपुर और नबीनगर गाँवों को लूट लिया और पूरब दिशा में मुर्शिदाबाद की सीमा की ओर बढ़ गए। सन्तालों के आगे बढ़ने की खबर सुनकर मुर्शिदाबाद के मजिस्ट्रेट मि. टूगुड को धूलियान में एच. मासीक के नील कारखाने में रोक लिया गया। जहाँ से उन्होंने 160 बरकन्दाजों का एक जत्था चार्ल्स मसेक के कारखाने की सुरक्षा के लिए कदमसैर भेजा था। अंबर राज के झकोरहाटी कुथबेरी की लूट के बाद सन्ताल कदमसैर आए लेकिन

छोटी बन्दूकों से लैस चार्ल्स मसेक और दो अन्य सज्जन नल्लह के बीच में नाव पर खड़े हो गए जिससे परिसर का रास्ता नियंत्रित होता था। उन्होंने पूरी सन्ताल सेना को रोके रखा, कुछ को घायल किया और एक को पकड़ लिया।

महेशपुर

बेहरानपुर से भेजे गए सैनिकों ने सन्तालों का महेशपुर की ओर पीछा किया जहाँ राजा के घर को लूट लिया गया था। 15 जुलाई, 1855 की सुबह 3,000 से 4,000 सन्तालों का टकराव सातवीं एन.आई. रेजीमेंट से हुआ, जिसने उन पर हमला कर दिया। इस हमले में सिदो, कानू और भैरव को गोली लग गई, हालाँकि यह जानलेवा नहीं थी। दो सौ सन्ताल मारे गए और घायल हुए। 7,000 रुपये से अधिक नकदी और 40,000 रुपये से अधिक कीमत की लूटी गई सम्पत्ति बरामद हुई। डॉ. दत्त ने पंचकठिया रिकॉर्ड से एक गाने का हवाला दिया है, 'पउनचिला सन्ताल सवे महेशपुर गिया, दुष्टकाया राजालया धेनरत्ना निला, निला सवा रेसमीबासन स्वर्णाभूषण।'

पाकुड़ के पास तारी नदी के किनारे उसी रेजीमेंट के दो सौ लोग 5000 विद्रोहियों पर टूट पड़े और उन्हें पूरी तरह से तहस-नहस कर दिया, उनमें से बड़ी संख्या में लोगों को मारा जबकि रेजीमेंट की तरफ एक भी जान का नुकसान नहीं हुआ।

बीरभूम

बीरभूम में नलहाटी रामपुर हाट, नेगोरे, सुरी, लंगूलिया, गुरजोरी और अन्य स्थानों पर भी विद्रोह बहुत भयंकर हो गया था। डॉ. दत्त ने लिखा है, 'वास्तव में, 20 जुलाई, 1854 तक विद्रोह फैल चुका था। विद्रोह बीरभूम के दक्षिण-पश्चिम में तालडांगा से ग्रांड ट्रंक रोड और दक्षिण-पूर्व सैंथिया से भागलपुर और भागलपुर जनपद के उत्तर-पश्चिम और उत्तर-पूर्व में गंगा नदी पर राजमहल तक सक्रिय था।' दामोदर नदी के दक्षिण और ग्रांड ट्रंक रोड की ओर सन्तालों की बढ़त को रोकने के लिए और रामगढ़ को बचाने के लिए गवर्नर जनरल के अंगरक्षकों, 37वीं रेजीमेंट और मुर्शिदाबाद के नवाब के अंगरक्षक 200 सिपाहियों और 32 घोड़ों के अलावा 30 हाथियों को और बाद में 63वीं एन.आई रेजीमेंट को सक्रिय कर दिया गया था।

सातवीं और 31वीं एन.आई. रेजीमेंट को मुर्शिदाबाद की सीमा पर लगा दिया

गया था और हिल रेंजर्स और दानापुर से आने वाली 40वीं, 42वीं और एन.आई. 13वीं रेजीमेंट को भागलपुर और कोलांग में मोर्चे पर तैनात कर दिया गया था। एन.आई. सातवीं और 31वीं रेजीमेंट की रक्षक सेना और निजामत सैनिकों को मुर्शिदाबाद की सीमा के दोनों तरफ बीरभूम की सीमा से गंगा नदी तक, हर तरफ से पाकुड़ को बचाने के लिए फुधकीपुर और पड़ोस के कुछ स्थानों पर तैनात किया गया था।

मुनादी

लड़ाई उत्साह के साथ लगातार एक महीने तक जारी रही, जो जिलों को विद्रोहियों से मुक्त करने के लिए काफी थी। इसलिए 15 अगस्त, 1855 के मध्य तक एक एलान जारी किया गया जो निम्नलिखित है :

'ऐसा प्रतीत होता है कि सन्तालों में जो लोग सरकार के खिलाफ बगावत के लिए उठ खड़े हुए हैं, सैनिकों का विरोध कर रहे हैं और देश में लूट व तबाही फैला रहे हैं, उनमें से बहुत से ऐसे हैं जो इस मूर्खता को समझते हैं। वे क्षमा किये जाने और फिर से पहले जैसा शान्तिपूर्ण जीवन शुरू करने के इच्छुक हैं। इसलिए सूचित किया जाता है कि अपनी प्रजा के कल्याण के लिए सदैव चिन्तित सरकार बुरे लोगों के साथ बहक गए उन सन्तालों को स्वतंत्र रूप से क्षमा कर देगी, जो 10 दिनों के अन्दर गठित प्राधिकरण के सामने हाजिर होकर आत्मसमर्पण कर देंगे। इनमें वे लोग शामिल नहीं होंगे जिन पर विद्रोह को उकसाने और नेतृत्व करने का आरोप साबित हो जाएगा। उन लोगों को भी क्षमा नहीं किया जाएगा जो किसी तरह की हत्या को अंजाम देने के लिए मुख्य रूप से जिम्मेदार रहे हैं। जितनी जल्दी पूर्ण समर्पण का काम पूरा हो जाएगा, सन्तालों की प्रमुख शिकायतों की पूरी जाँच की जाएगी। दूसरी तरफ, सरकार की इस घोषणा के बाद सरकार का विरोध करने वाले सभी बागियों को तत्काल और कठोरतम सजा दी जाएगी।'

उपरोक्त उद्घोषणा को सन्ताल आबादी के बीच प्रचारित करने के लिए मजिस्ट्रेटों को निर्देश दिया गया और उन लोगों से मुचलका लेने के लिए कहा गया जो समर्पण के लिए तैयार थे।

लेकिन विद्रोही सन्तालों के बीच क्षमादान के इस वादे का प्रचार कराना आसान काम नहीं था और इस बात में सन्देह है कि यह सन्देश विद्रोह के अन्तिम गढ़ तक कभी भी पहुँच पाया।

अस्थायी शान्ति

बीरभूम के कलेक्टर डब्ल्यू.डब्ल्यू. हंटर ने लिखा है, 'सेना को आंशिक अधिकार दिये जाने पर भी ईर्ष्या करने वाले सिविल अधिकारियों ने प्रस्तुतीकरण दिया कि उस अधिकार को जारी रखने की जरूरत खत्म हो गई है। बीरभूम के मजिस्ट्रेट ने लिखा, "विगत सात सप्ताह से सब कुछ ठीक है, ग्रामीण अपने घरों को वापस चले गए हैं और किसान हमेशा की तरह अपनी जमीन पर खेती में मगन हैं। सन्ताल कहीं मौजूद नहीं हैं, वे करीब 30 मील पीछे हटकर, दूसरे जिले में चले गए हैं। इसी तरह की रिपोर्ट इससे पहले दूसरे अशान्त जनपदों से भेजी जा चुकी थी। अपने सामने मौजूद साक्ष्यों के आधार पर 6 अगस्त को सरकार ने तय किया कि विद्रोहियों ने 'काफी हद तक विरोध छोड़ दिया है' और उनके सामने आत्मसमर्पण करने के अलावा कोई विकल्प नहीं बचा है।

लेकिन शान्ति केवल अस्थायी और भ्रामक थी। ठीक एक महीने बाद हम उसी अधिकारी को यह रिपोर्ट दर्ज करते हुए पाते हैं कि 'पिछले पखवाड़े के दौरान विद्रोहियों द्वारा 80 गाँव लूटे और जलाए गए, डाक रोक दी गई है और जिले का पूरा उत्तर-पश्चिमी भाग उनके नियंत्रण में चला गया है। एक दिशा में सन्तालों की तीन हजार लोगों वाली सेना जिले-भर में घूमती फिर रही है तो दूसरी तरफ यह संख्या लगभग सात हजार है। सिविल अधिकारी दूरस्थ स्टेशनों से भाग गए हैं। किसान अपनी जमीन छोड़कर भाग गए हैं। क्षमा-दान की घोषणा की बेहद अवज्ञा और अवमानना की गई है।'

हंटर को लगा कि सन्ताल और हिन्दुओं के बीच के अर्ध-आदिवासी वर्ग के लोग और बहुत छोटी जातियों के कई लोग इस बार अपने-आप विद्रोह में शामिल हो गए और अक्टूबर का प्रमुख त्योहार, दुर्गा पूजा मनाने के लिए ब्राह्मण पुजारियों को उठा ले गए हैं।

हंटर ने लिखा है, 'अपने सफलता के क्षणों में भी सन्ताल किसी तरह का बर्बरतापूर्ण शौर्य नहीं दिखाना चाहते थे और वे आमतौर से किसी कस्बे को लूटने के अपने मकसद के लिए भी निष्पक्षता से काम करते थे। वास्तव में सितम्बर की शुरुआत में बीरभूम की राजधानी सुरी में उनके आगमन से पहले एक डाकिया द्वारा मजिस्ट्रेट को उनके राष्ट्रीय साल वृक्ष की टहनी के जरिये ऐसा ही एक सन्देश मिलने से अफरातफरी मच गई। टहनी में तीन पत्तियाँ थीं जिनमें से प्रत्येक आधी

पत्ती एक दिन बाद सन्तालों के आने का संकेत थी। लेकिन लोगों को बहुत राहत मिली और हमला कभी नहीं हुआ। कुछ डरे हुए कमजोर पैसे वाले रात के अँधेरे में चुपके से जो कुछ साथ ले जा सकते थे लेकर जल्दबाजी में पूरब की ओर अधिक शान्ति और कम खतरे वाली बस्ती में चले गए। अंग्रेज अधिकारियों ने हरसम्भव सावधानी बरती और उन्होंने जरूरत पड़ने पर आखिरी उपाय के रूप में किलाबन्दी करना तय किया था।

शान्ति अस्थायी थी। बीरभूम से प्राप्त अभिलेख उस क्षेत्र में सन्ताल विद्रोह के प्रसार के बारे में नई जानकारी देते हैं। मुझे बताया गया कि करीब 600 सन्तालों ने बाबूपुरे, दवबे और केजोरी और राजोर को लूट लिया। नूगोलिया में कमान सँभाले कैप्टन गोट्ट को कर्नल बर्नी ने आदेश दिया कि रात के हमले में मोरे नदी का रास्ता बन्द करके राजोर में सन्तालों को चौंका दिया जाए। तेज बारिश की वजह से तीन घंटे के परीक्षण के बाद भी वे नदी का रास्ता बन्द करने में कामयाब नहीं हो सके। यह भी बताया गया कि राजबंध, पैलेस, बारा बाथन और आसपास के क्षेत्रों में सन्ताल बहुत जोश में थे।

13 सितम्बर,1855 को बीरभूम के कलेक्टर रिचर्डसन ने सूरी को लिखा कि इसमें शक नहीं कि सन्ताल सीमा पर रुकोहा के आसपास के क्षेत्र में सभी गाँवों में लूट और हत्या को अंजाम दे रहे हैं। सन्तालों ने कोटानूर के गाँवों में चार हत्याएँ की थीं। कलेक्टर ने सुझाव दिया सार्जेंट गोरडोन के मातहत देवघर में तैनात 200 लोगों में से आधे को सरहुत में नियुक्त कर दिया जाए।

कोरीमपुर के श्री मुंडले और फाजिलपुर के कंत्स मुंडले की सन्तालों द्वारा अमजुर्रा में हत्या कर दी गई थी। सारुथ के आबकारी दरोगा ने जानकारी दी कि उसके अधिकार क्षेत्र के उत्तर के सभी आबकार भाग गए थे।

सूचना प्राप्त हुई कि सूरी के 18 मील उत्तर बाथन और तेलोबूनी में सन्ताल बड़ी संख्या में थे और दामिन-ए-कोह के मांझी के मातहत मोर्चा खड़ा कर रहे थे। सारुथ और उपरबंधा से जानकारी दी गई थी कि सन्ताल रास्ते में प्रत्येक गाँव को लूटते हुए मजबूती से आगे बढ़ रहे थे। 56वीं नेटिव इनफैंट्री के 100 जवानों की टुकड़ी ने सारजेंट गिल्लोन की सेना को राहत देने के लिए महमूद बाजार तक मार्च किया, जिसे देवघर और सूरी रोड पर नूगूर से छह मील पश्चिम में एक बड़े उपनिवेश गुर्जोरी को मजबूत करने के लिए भेजा गया था। सन्तालों को रोकने के लिए मिस्टर वार्ड ने भी सेना भेजी थी।

नूगूर से आठ मील दूरी पर स्थित एक गाँव बीरहुँदेर को सन्तालों द्वारा लूट लिया गया था। उन्होंने देवघर से सूरी तक डाक-सेवा को रोक दिया था। यह जानकारी भी दी गई कि सन्ताल हर दिन चम्सपोरा तलोबूनी वापस लौट जाते थे जहाँ उन्होंने 11 बड़े ठिकाने बना रखे थे और वहीं लूट का सब माल जमा करते थे।

यह जानकारी मिली कि उपरबंधा थाना जला दिया गया था। सारुथ और उपरबंधा क्षेत्र में सन्ताल जीभर लूट मचा रहे थे। यह भी बताया गया कि बिंदाबोन में सन्ताल बड़ी संख्या में मौजूद थे और बालकंदू को उन्होंने ही लूटा था।

बीरभूम के मजिस्ट्रेट ने बीरभूम संभाग के आयुक्त को निम्नलिखित जानकारी दी, 'पिछले पखवाड़े में थाना उपरबंधा और नंगूला में विद्रोहियों द्वारा 30 से अधिक गाँवों को लूटा और जलाया गया है। नुगूर से चार मील पश्चिम लोरोजोर से लेकर देवघर से थोड़ी दूरी तक पूरा देश उनके हाथों में है। डाक सेवा रोक दी गई है और निवासी अपने गाँव खाली करके भाग गए हैं। वे दो बड़े भागों में बँटे हुए हैं। एक ने भागलपुर जिला में उपरबंधा थाना के 10 मील उत्तर रक्सदंगल में खेमा लगा लिया है और दूसरा समूह सूरी से छह मील पश्चिम तेलोबूनी में है। वे भागलपुर में भी हैं लेकिन थाना नंगूलिया की सीमा पर हैं। जहाँ तक हम आकलन कर सकते हैं उनकी संख्या औसतन 12,000 से 14,000 है और वे हर तरफ से बढ़ रहे हैं।'

मूहिया कोसनजोला, रामा और सूंद्र मांझी के नेतृत्व में 3000 रक्सदंगल सन्तालों के जत्थे ने 16 अगस्त को दोपहर बाद उपरबंधा के पास खेमा लगाया। अगले दिन उन्होंने थाना और गाँव को लूटा और जलाया। दरोगा और बरकन्दाज अन्तिम समय तक अपनी चौकी पर टिके रहे लेकिन हमलावरों की बड़ी संख्या के मुकाबले अपने प्रतिरोध को असफल होता देख दरोगा ने बड़ी मुश्किल से शाना और अफजलपुर होते हुए बच निकलने का रास्ता तलाश किया। वह 22 तारीख को केवल शरीर पर पहने कपड़े के साथ यहाँ पहुँचा। उसने कुछ दिनों पहले सुना था कि सन्तालों को इरादा थाना पर हमला करने का था, इसलिए सुरक्षा के नजरिये से उसने कमांडिंग अफसर को एक सैनिक टुकड़ी भेजने का आवेदन भेजा था। लेकिन दूरी और रास्ते में घने जंगल की वजह से मदद के लिए सैनिक भेजने से मना कर दिया गया था। मिस्टर वार्ड को स्थिति की जानकारी देने के बाद उन्होंने मुझे बताया कि सैनिकों की टुकड़ियाँ तत्काल रानीगंज से थाना शाना में जुमतेरा, वहाँ से उपरबंधा और अफजलपुर के लिए रवाना होनी थीं। बरसात बाद सैनिकों के सन्तालों के खिलाफ मैदान सँभालने तक वहीं तैनात रहना था। मैंने अभी तुरन्त

सुना है कि पहली जगह पर टुकड़ी पहुँच चुकी है जो थाना शाना की सुरक्षा के लिए पर्याप्त होगी। इसके अधिकार क्षेत्र में अब तक कोई लूटपाट नहीं हुई है लेकिन अब विद्रोहियों के साथ शामिल होने के इरादे से सन्ताल जमा हो रहे हैं। उपरबंधा में सैनिकों की तैनाती न होने तक यकीनन सब कुछ अराजकता और भ्रम की स्थिति में रहता लेकिन वहाँ सैनिक पहुँच गए। मैं पुलिस को वापस थाने में भेज दूँगा और डाक सेवा दोबारा शुरू करूँगा। मौजूदा समय में यह बहुत मुश्किल है, क्योंकि रामा मांझी ने 200 लोगों के साथ हल्दीगढ़ पहाड़ी के पास मोर्चा ले लिया है। वह वहाँ पर घात लगाता है और गुजरने वालों को लूटता है। वर्तमान में देवघर में सिविल अफसर की अनुपस्थिति बहुत खेदजनक है, ऐसे समय में उनकी सेवाएँ बहुत अहम होतीं, मैं पहले भेजे गए एक पत्र में इस बात को आपके संज्ञान में ला चुका हूँ।

'सीधी सी बात है कि हम एक-दो सन्ताल नेताओं तक नहीं बल्कि संक्रमित जिलों की पूरी आबादी तक पहुँचेंगे। भारत उस स्तर तक नहीं पहुँचा है जहाँ सशस्त्र विद्रोह के प्रति सहनशीलता के साथ तिरस्कारपूर्ण व्यवहार किया जा सके, जैसा कि चार्टिस्टों की एक समूह या आयरिश पक्षपातियों के एक गिरोह को इंग्लिश मंत्रालय ने क्षमा करके भगा दिया था। सन्तालों की सजा विशेष आयोग को सौंप दी जाए, जैसा कि कनाडा में 1838 में किया गया था। अथवा यदि यह बहुत मनमानी लगे तो लूट के बराबर की राशि का जुर्माना लिया जाए और पीड़ितों के बीच वितरित कर दिया जाए। एक जाति की सजा सुनिश्चित करने और ब्रिटिश सत्ता की प्रतिष्ठा को बहाल करने के लिए, पूरे सन्ताल समुदाय को दंडित नहीं किया जाना चाहिए।

हालाँकि, सरकार ने बड़ी संख्या में सन्तालों और विद्रोह में शामिल अन्य लोगों के लिए कोशिश की। कुल मिलाकर 253 विद्रोही थे, जिनमें से दो सरकारी गवाह बने। बचे 251 में से, जो 52 अलग-अलग गाँवों के थे, 191 सन्ताल, 34 न्यास, 5 डोम, 6 धनगोर, 7 कोल, 1 गोला, 6 भोका, 1 रजवार थे। केवल 3 रिहा किये गए और बाकी लूट के अपराध में दोषी पाए गए। 248 कैदियों में 49 लड़के थे, जिन्हें स्कूल के अनुशासन के तौर-तरीके सिखाने बाद मेडल देकर छोड़ दिया गया था। बाकी कैदियों को लम्बी अवधि की जेल की सजा सुनाई गई थी, जेल की सजा सात से 14 साल तक की थी।

अध्याय-5

विचार की जीत

लगभग 10,000 सन्तालों के साथ सिदो, कानू, चांद और भैरव मारे गए, लेकिन अन्ततः सन्तालों ने अपने उन अधिकारों की लड़ाई जीत ली, जिस प्रशासन की कल्पना दामिन-ए-कोह में पहाड़ियों और कोहेन, हंटर में होस के लिए किया था। सरकार, स्थानीय अधिकारियों की रिपोर्ट से गुमराह हो गई और पारम्परिक तौर पर लोगों के प्रति उदारता के कारण विद्रोहियों से तुरन्त निपटने में असफल रही। सरकार ने असन्तोष की वजहों का पता लगाने और उन्हें दूर करने की कोशिश में एक पल भी नहीं गँवाया था। उस सहज और व्यावहारिक प्रशासन की जाँच का निर्देश दिया गया जिसकी पहले बहुत सराहना की जाती थी।

सन्तालों ने अदालतें दूर होने की शिकायत की थी। सरकार के अपने कर्मचारियों ने अब रिपोर्ट किया कि सन्ताल की सीमाओं पर अंग्रेजी अधिकारी बहुत कम थे, और क्षेत्र की एक बड़ी सीमा से दूर तैनात थे। यह जल्द ही समझ आ गया कि पूर्व प्रशासन की अर्थव्यवस्था ने उन्हें बदले में कुछ भी दिये बिना कर लेने की साजिश रची थी। एक ऐसी अर्थव्यवस्था जिसके कारण एक विद्रोह हुआ था, जिसकी वजह से राज्य को दस साल की लागत को छह महीने में भुगतान करना पड़ा था।

जैसे ही आदेश बहाल हुआ, उस वक्त के गवर्नर ने अपने पूर्ववर्तियों की गलतियों को वापस ले लिया। उन्होंने सन्ताल इलाके का एक अलग जिला बनाया। अधीनस्थ विभाग के अधिकारी के बजाय, सिविल सेवा की सर्वोच्च प्रतिभा को

आदिवासी-सीमा के प्रशासन के लिए नियुक्त किया गया। किसानों पर अत्याचार करने वाली पुरानी पुलिस को जड़ से उखाड़ फेंका गया और अंग्रेज अधिकारियों ने सन्ताल आबादी के सभी मुख्य केन्द्रों पर न्याय किया। इसके अलावा नियमित रूप से गाँवों के माध्यम से सर्किट पर जाने के अलावा, न्याय को सस्ता और न्याय की कार्यवाही की प्रक्रिया को तेज बनाया गया।

अध्याय-6

उत्थान की प्रकृति

क्या सन्ताल हूल, रहस्य और भविष्यवाणी से जुड़ा हुआ था? यह आमतौर पर देशी और पुनरुत्थानवादी था। यह सब विवाद का विषय है। एडवर्ड जे. के उपरोक्त दावे का एम. जी. योरले ने खंडन किया क्योंकि उन्होंने कहा, 'सभी इतिहासकारों ने निष्कर्ष निकाला कि विद्रोह की जड़ें आर्थिक शोषण, उत्पीड़न और जबरन वसूली में थीं। उनका जोर चालाक और शातिर बंगाली और सन्तालों की ईमानदार मितव्ययिता पर था। इस विषय पर वे कहते हैं, 'एक कमजोर प्रशासनिक व्यवस्था शान्ति बनाए रखने में असमर्थ थी।'

यॉर्क ने तर्क दिया है कि पहली नजर में ऐसा लगता है कि सन्ताल आन्दोलन केवल रहस्योद्घाटन और धार्मिक भविष्यवाणी के रूप में शुरू हुआ था, लेकिन आर्थिक बाधाओं के खिलाफ विरोध की तुलना में यह कम था। बंगालियों द्वारा ठगा जाना, पहाड़ियों का नुकसान, अलग-अलग अवधि के दौरान अधूरे प्रयास और सन्तालों की स्थिति को फिर से परिभाषित करने और मध्यस्थता फिर से कायम करने के लिए संरचनात्मक कमियाँ, उन्होंने कहा कि दामिन में सम्बन्धों की यह संरचना जड़ में थी और विद्रोह के रूप में सामने आई। यह विद्रोह सन्तालों के धार्मिक प्रतीकों के साथ सामने आया। यह एक और मामला है, जिसका उत्तर सन्ताल जीवन और किसी भी अन्य समाज में धर्म की महत्त्वपूर्ण भूमिका में निहित है। यॉर्क ने कहा है, 'फिर दामिन में सम्बन्धों की संरचना ने विद्रोह के धार्मिक रूप को जन्म कैसे दिया?'

जे. ने देशी पोशाक पहने एक गोरे व्यक्ति की नजर से देखा कि सन्ताल सिदो और कानू को वैधता और मान्यता दे रहे हैं, क्योंकि उन्हें 'साहेब' की शक्ति का प्रतीक बना दिया गया था और उनकी महत्त्वाकांक्षा इस शक्ति को पाने की थी। यह बिलकुल सच हो सकता है, लेकिन उस शक्ति पर जोर देते हुए कहा जाता है कि यह संरचनात्मक विकृति को दूर करने के लिए एक मध्यस्थ के रूप में मिस्टर पोंटेट के असफल प्रयासों का प्रतीक था। छवि लगभग पल्टीन, (मिस्टर पोंटेट) के भूत जैसी है, एक गोरा आदमी जिसकी सहानुभूति उनके साथ थी और जो उनके तौर-तरीकों को समझता था। अनौपचारिक अदालतों में, सन्ताल अपने एक और 'होर' को नापसन्द नहीं करते थे। वह उनके विवादों को सुलझाने में सक्षम थे और एक होर और एक दिकू के बीच खड़े हो जाते थे। हाकिम पहले ही दामिन में वैध तरीके से जिन्दगी जीने लगे थे। अब पुनरुद्धार के एक संगठित प्रयास को वैध बनाने के लिए उनका इस्तेमाल किया जा रहा था।

यॉर्क के अनुसार 'कमर पर चमकते हुए चाकू के साथ लम्पट का प्रतीक इस विश्वास पर जोर देता था कि उनकी इच्छाओं को पूरा करने के लिए एक सशस्त्र संघर्ष आवश्यक था। गाड़ी का पहिया विद्रोह का एक बहुत ही खास प्रतीक था। सन्तालों के सामान्य उद्देश्य और प्रतीक गोरा मांझी के उस कथन से स्पष्ट होते हैं, जब उसे विद्रोह के बाद बन्दी बनाया गया था—'पिछले सावन के महीने में सन्ताल प्रमुख कानू एक बड़ी सेना के साथ सेट्टू गाँव गया। वह एक रात वहीं रहा और फिर लूटपाट करने के लिए अलग-अलग जगहों पर चला गया। मैं उसके साथ गया। उसने मुझसे कहा कि वह मुझे सौबा बना देगा। उसने कहा, तुम सौबा बन जाओ और पुरगुना पर शासन करते रहो। इसलिए मैंने आदमियों को इकट्ठा किया। उन्होंने कानू की बातें सुनीं और मेरे मातहत हो गए।'

मजिस्ट्रेट का प्रश्न : तुमने यह सब क्यों किया?

यह सन्तालों के नये समूह की पहचान को फिर से जीवित करने या बनाए रखने के लिए समाज के सदस्यों की ओर से संगठित प्रयास था। यह पिछले 30 सालों में किया गया विकास था। यह विद्रोह और पुनरुत्थान का देशी बीज था। लेकिन हालाँकि जे. का उपरोक्त विश्लेषण सही हो सकता है, फिर भी इसके कारणों को जानना जरूरी है। दामिन में सम्बन्ध और मध्यस्थता की स्थिति उत्पन्न हुई। दोनों

घनिष्ठ रूप से परस्पर जुड़े हुए थे और पुनरुद्धार आन्दोलन के अभिन्न अंग थे। सन्ताल राज बनाने के प्रयास का मूल सन्ताल पहचान को प्रमुख बनाने के साथ संरचनात्मक विकृति को दूर करने के प्रयास से प्रभावित था।

यह सन्तालों के लिए नया लेकिन अस्थायी था। वे अब सिदो और कानू, दोनों नेताओं से पूरी तरह से एक हो चुकी आदिवासी इकाई थे। प्रादेशिक इकाई का विचार था कि सभी बंगालियों को मार दिया जाए या सन्ताल देश से उन्हें बाहर कर दिया जाए। यहाँ तक कि एक अर्ध-सैन्य संगठन भी था, जिसमें प्रमुखों के प्रमुख, एक ठाकुर थे, और उनके अधीन विभिन्न सूबे थे। ए. ईडन का उल्लेख किया गया है, जिन्होंने लिखा था कि 'सिदो उनका नेता है और उसकी सेना में सन्ताल अधिकारियों और सिपाहियों के रूप में संगठित है। इन भूमिकाओं को और उनके अधिकार को धार्मिक रूप से समर्थन मिला हुआ था। नारायणपुर गाँव पर सन्ताल हमले के दौरान यह अच्छी तरह देखने में आया है।'

'सुबा ठाकुर ने आदेश दिया, दरवाजे तोड़ दो' घर के चारों ओर दरवाजे के पास कई बड़े पत्थर थे। वे उन पत्थरों से दरवाजे तोड़ने लगे। उन्होंने सैम सुबा को घेर लिया, तलवार खींचकर इमारत के चारों ओर दौड़ाया। सैनिकों में से एक ने इमारत की ऊँची खिड़की से गोली मारकर सुबा ठाकुर को गिरा दिया, उस वक्त हम सभी अपनी जान बचाने के लिए इधर-उधर भागे। सैम सुबा की मौत साधारण मौत नहीं थी, यह न केवल उनकी मौत थी बल्कि सुबा ठाकुर की मौत हुई थी। इन सबके बावजूद इस सन्ताल राज को अभी भी अंग्रेजों के अधिकार को स्वीकार करना था। विद्रोह की शुरुआत में ब्रिटिश सम्पत्ति का कोई नुकसान करने का इरादा नहीं था। एक मिशनरी को भी सन्तालों द्वारा दामिन से बाहर निकाला गया था।

अध्याय-7

हूल के बाद

ऐतिहासिक तथ्य बदलते रहते हैं। इसलिए, मानव-विज्ञानी को सामाजिक परिवर्तनों के सन्दर्भ में इतिहास का अध्ययन करना पड़ सकता है, क्योंकि उन्हें लगातार मानव-प्रवृत्ति का पता लगाना होता है और फिर परिवर्तन की प्रक्रिया के बारे में वैध सामान्यीकरण को सामने लाना होता है। इस सम्बन्ध में, उन्हें दामिन की कुल प्रणाली पर एक नजर डालनी होगी और उनका नजरिया वैसा ही होना चाहिए, जिसे एफ.ई. एमरी 'सिस्टम थिंकिंग' में कहते हैं।

हूल के वक्त दामिन की सभी व्यवस्थाओं पर एक नजर डालते हैं। दामिन की व्यवस्था में, हमें दो प्रमुख उपव्यवस्था देखने को मिलती हैं, एक, होर से सम्बन्धित और दूसरी, दिकू से सम्बन्धित। होरों का बाहरी क्षेत्र पूरी तरह से दिकुओं के लिए प्रतिबन्धित था। उन्होंने बंगाल में अपना विस्तार करना शुरू कर दिया था। स्वाभाविक रूप से इसने होर के आन्तरिक क्षेत्र को प्रभावित किया। जैसे-जैसे क्षेत्र एक-दूसरे के साथ विकसित हुआ, उन्होंने एक-दूसरे को प्रभावित किया। इस जटिल प्रक्रिया में उनके सम्बन्धों में बदलाव आया। यह सब हूल को खत्म करने के बाद समय-समय पर सरकार द्वारा उठाए गए कदमों से अधिक प्रभावित हुआ। इसका मूल्यांकन आदिवासी-प्रशासन के बारे में किसी छात्र की समझ बढ़ा देगा, इससे ब्रिटिश मंत्रियों के प्रशासन को भी समझा जा सकता है, जो होर के नवगठित सन्ताल परगना हासिल करना चाहते थे। इससे यह भी पता चलेगा कि होर के बाद स्थापित प्रणाली से दाँत व नाखून जैसे विचलित करने वाले प्रतीकों को खारिज

कर दिया गया और इसका विरोध किया गया। 1870 और 1881 के दौरान सन्ताल परगना के विद्रोह को यूरोपीय जमींदारों के लगान और अत्याचारों को बढ़ने के खिलाफ एक विद्रोह के रूप में समझा जा सकता है। लेकिन भागीरथ के 'खेरवार राइजिंग' और दुबिया गोसाईं के 'सफा होर आन्दोलन' में होरों के विद्रोह के दूसरे चरण में जाने के व्यवस्थित प्रयास को देखा जा सकता है। इस तरह अंग्रेजों को सन्ताल परगना में प्रभावी तरीके से सरकार चलाने की आवश्यकता को समझा जा सकता है। लेकिन हूल के काल में उन्होंने अपने सैकड़ों-हजारों लोगों की शहादत देकर सिद्धान्त को जीता था। इस प्रकार हूल न केवल होरों के लिए शहादत का प्रतीक बन गया, बल्कि आने वाले समय में होरों के लिए बेहतर भविष्य, बेहतर व्यवस्था, बेहतर अर्थव्यवस्था का वादा भी किया गया।

इस स्थिति से निपटने के लिए सरकार द्वारा उठाए गए व्यवस्थित कदमों के बाद विद्रोह का शमन किया गया। बंगाल के लेफ्टिनेंट गवर्नर ने 10 जनवरी, 1856 के अपने मिनट्स में लिखा, 'मैं निवेदन करता हूँ कि होने वाली कमी को पूरा करने के लिए सार्वजनिक कार्यों की कुछ ऐसी व्यवस्था बनाई जाए, जिससे लोगों को लगातार और तेजी से काम मिल सके। उनके पास अनाज का भंडार हो, जहाँ वे भुगतान कर सकें या उन्हें खिलाया जा सके। सस्ती सड़कों और पुलों की एक व्यवस्था बनाने के लिए अधिकारियों को नियुक्त करने का प्रस्ताव रखा जाए, जो देश की संसाधनों के बारे में हमारी पुलिस और सैन्य बलों को बताएँगे, यह हमारी पुलिस और सैन्य बलों के पूरे वर्ग को, साथ ही साथ आबादी को काम और भोजन देने की व्यवस्था करेंगे और अकाल की आपदा से बचाव करेंगे।'

मार्च 1856 तक, सब कुछ शान्त था और सन्तालों ने बड़ी संख्या में काम के लिए भागलपुर के डिप्टी कमिश्नर को सूचना दी। सन्ताल फिर से मजदूरी करते देखे गए। इसके बारे में चोटरे देशमांझी का वक्तव्य निम्नलिखित है :

'इस तरह सिदो-कानू की क्रूरता और उत्तेजना भरे विद्रोह की वजह से हम सन्तालों के दुख और दुर्भाग्य भरे दिन आ गए, कई मर गए, कई औरतें विधवा हो गईं और कई बच्चे अनाथ हो गए। किसी आशीर्वाद के बजाय हम पर अभिशाप का पहाड़ टूट पड़ा। विद्रोह के बाद हम सन्ताल भूख के कारण तितर-बितर होने लगे। हम सन्ताल अपने जीवन-यापन के लिए दिकू (कीकू) से जुड़ गए। कई दिहाड़ी मजदूर के रूप में सिरकर लौट आए और सबसे बुरा हुआ कि कुछ दिकू काम करने बंगाल चले गए। भूख के मारे हम गंगा के किनारे फैल गए और वहाँ

हम कोयले, लकड़ी और पत्ते बेचने के व्यापार में लग गए। कुछ अपनी मेहनत से एक या दो मवेशियों को रखने जितनी आमदनी करने तक अपनी जगह पर वापस नहीं लौटे। विद्रोह के चार या पाँच साल बाद तक गाँव की आबादी नहीं बढ़ी।'

1855 के अधिनियम 37 (XXXVII) में निहित प्रशासनिक पुनर्गठन, सरकार की एक और योजना थी। एक उपायुक्त और उनके कुछ सहायकों वाले इस नये डिवीजन को सन्ताल परगना कहा जाता था। दीवानी और फौजदारी क्षेत्राधिकार के लिए कमिश्नर नियुक्त किये गए। इसमें भागलपुर जिले के राजमहल पहाड़ियों का दामिन-ए-कोह क्षेत्र शामिल था।

1856 में, नये पुलिस-नियम जारी किये गए, जिन्हें भागलपुर के आयुक्त मिस्टर जॉर्ज यूल के बाद यूल्स-नियम के रूप में जाना जाता है, सन्ताल ने अपना हाकिम, कमिश्नर ए. ईडन के रूप में पाया, जिसे सन्ताल 'हाकिम साहब' कहते थे। नये प्रशासन के तीन मुख्य सिद्धान्त थे—

1. सन्तालों और असिस्टेंट कमिश्नर के बीच कोई मध्यस्थ नहीं होना चाहिए।
2. शिकायतें लिखित याचिका या 'ओमला' की उपस्थिति के बगैर मौखिक रूप में की जानी थी।
3. पुलिस का काम खुद सन्तालों को करना था। 'मोर होर' इलाके के भीतर का हर गाँव इसके प्रति जवाबदेह था। जहाँ आरोपी को गवाहों के साथ लाया जाना था। 1857 की धारा 10 ने सन्ताल परगना के निर्माण की प्रक्रिया को पूरा किया। अधिनियम 10 की वजह से अधिनियम 37 में कुछ संशोधन किये गए जिसे मूल रूप से सन्ताल परगना के लिए बनाया गया था। यह विभिन्न यूरोपीय इंडिगो प्लांटरों और जमींदारों की मजबूत शिकायतों के कारण हुआ, जो अपनी जमीन को नये परगना में शामिल नहीं करना चाहते थे, और इस तरह सरकार के सीधे किरायेदार बन गए।

'संरचनात्मक गड़बड़ी के इन सुधारों के साथ यॉर्क ने महसूस किया कि सन्तालों ने लगभग वह सब हासिल कर लिया था जो वे विद्रोह की शुरुआत में चाहते थे।

नई संरचना में, सन्तालों के आदिवासी समूह की प्रकृति को बदल दिया गया था और पहचान का एक नया आधार बन गया था। होरों के विचार को पूरी तरह से सन्तालों के विचार से अलग कर दिया गया था, होर एक ऐसा विचार बना रहा जो विदेशियों, बाहरी समूहों, दिकू, और होर के बीच भेद करता है। होर ने गैर-

सन्तालों के समूह की आन्तरिक पहचान को अभिव्यक्त नहीं किया। सन्तालों ने अब आन्तरिक सांस्कृतिक समानता और राजनीतिक सामंजस्य के बारे में समझा। अब उनका एक क्षेत्र था, वे एक केन्द्रीय संगठन और राजनीतिक कार्यवाही में सहयोग करने में सक्षम थे। इस नई राजनीति और क्षेत्रीय इकाई को बंगाल की प्रशासनिक व्यवस्था के भीतर खास तौर से सन्ताल के रूप में मान्यता दी गई थी। यह सन्ताल परगना की बिना-नियम की व्यवस्था थी।

सन्तालों और बंगालियों के बीच विवाद अभी भी जारी था। दोनों के बीच आर्थिक क्षेत्रों के बाँध टूटे नहीं थे। अगर मर्दानगी दिखाने के चक्कर में कुछ भी खराब होता तो उसकी वजह से विद्रोह और दोनों का शोषण और होता। सन्तालों द्वारा बंगाली क्षेत्र का कोई भी अनुकरण अब अकल्पनीय था।

सन्ताल अब मजदूरी पर निर्भर थे, हालाँकि, दोनों के बीच सीधे सामाजिक-आर्थिक सम्पर्क, सन्तालों और महाजन-व्यापारियों के बीच केवल एक ही आवश्यकता तक सीमित हो गया था। कुछ हद तक बाजार को छोड़कर (जहाँ मध्यस्थ भूमिका में फिर से बातचीत का समर्थन किया गया था) किसी भी प्रशासनिक प्रक्रिया से उन्हें हटाए जाने की वजह से उनका सम्पर्क समाप्त हो गया था। बाजार की मध्यस्थता सन्ताल परगना का नया प्रशासन था। अप्रत्यक्ष शासन की ब्रिटिश नीति खास तौर से सन्ताल राजनीतिक व्यवस्था के लिए अपनाई गई थी। यह नीति उन लोगों की सलाह से बनाई गई थी जो सन्तालों की इच्छा को जानते थे। जैसे, मिस्टर पोंटेट, मिस्टर बिडवेल, मिस्टर ईडन और मिस्टर यूल। 'मांझी' और परगनावासियों की स्वदेशी भूमिकाओं को ब्रिटिश प्रशासनिक व्यवस्था में शामिल कर लिया गया था। इन भूमिकाओं को अब केवल गाँव और 'परगना' के आन्तरिक मामलों के लिए ही जवाबदेह नहीं बनाया गया था, बल्कि बाहरी रूप से भी, सहायक आयुक्तों, पुलिस प्राधिकरण, और क्षेत्र के कानूनी अधिकार और राजस्व-संग्रह के मामले में भी वे गाँव और परगना का प्रतिनिधित्व करते थे।

सन्तालों की गतिविधि वाले क्षेत्र में कमियों को दूर करने से सन्ताल और पहाड़िया के सम्बन्ध में मतभेद समाप्त हो गया। वे दोनों प्रशासनिक तंत्र में प्रतिनिधित्व करते थे और अंग्रेजों के अधिकार के साथ उनके सम्बन्ध थे। 'होर और दिकू' के बीच मध्यस्थता करने के लिए उनका उपयोग किया जा सकता था।

विद्रोह की वजह से इन सभी बेहतर परिणामों के बावजूद कुछ दुर्भाग्यपूर्ण बाते थीं। सैद्धान्तिक रूप से, सन्तालों की पहचान को अन्ततः बदल दिया गया था,

ताकि सांस्कृतिक रूप से राजनीतिक और क्षेत्रीय जिला इकाई होने के तौर पर अब उन्हें एक जनजाति कहा जा सके। लेकिन वास्तव में यह एक भौगोलिक इकाई के रूप में उनके विघटन की शुरुआत थी।

जैसा कि चोटरे देशमांझी ने कहा, 'विद्रोह के बाद हम सन्ताल भूख के कारण बिखरने लगे।' यह एक नये दौर की शुरुआत थी। हालाँकि नई सन्ताल पहचान विकसित हो रही थी और परगना में उनकी एक नई मातृभूमि थी, बड़ी संख्या में सन्तालों ने बंगाल और असम में मजदूरी खोजना शुरू कर दिया था। हंटर ने उस भयानक स्थिति की सूचना दी जिसके कारण यह विस्थापन शुरू हुआ। दुर्भाग्य से उस अवधि के विस्थापन के आँकड़े बहुत कम हैं। हंटर ने लिखा है, 'मेरे पास पूरा आँकड़ा नहीं है, लेकिन 1865 में कूशहटिया में पदेन श्रम-अधीक्षक के तौर पर अनुमान लगाया था कि यह संख्या 3,000 प्रति माह थी। मई में यह संख्या 3,236 थी। जुलाई में बढ़कर यह संख्या 3,827 हो गई। इन वयस्क मजदूरों की संख्या में अगर बच्चों को भी जोड़ दें तो यह संख्या 4,000 थी। 1901 में, सन्ताल परगना के अन्दर केवल 50 प्रतिशत सन्ताल बचे थे। 1911 की जनगणना में उस जिले (सन्ताल परगना) में पैदा हुए और अन्यत्र गणना किये गए व्यक्तियों की संख्या 3,21,383 से कम नहीं थी। यह 10 साल पहले के दर्ज आँकड़ों से 95,000 अधिक है। 1911 में असमिया चाय बागान में 57,000 सन्ताल दर्ज किये गए थे।

जनजातियों का विघटन उसी समय शुरू हुआ जब इसे बनाया गया था। मार्टिन ओरन्स ने सन्तालों के इसी पहलू पर अध्ययन किया है। इस महान और छोटी परम्परा के बारे में रेडफील्ड के विचार के सन्दर्भ में, उन्होंने चर्चा की कि कैसे सन्ताल, एक बहुत व्यापक क्षेत्र में बिखरे होने के बावजूद, सांस्कृतिक समानता के माध्यम से एक बड़ी पहचान बनाए रखते हैं, यह एक महान परम्परा का निर्माण करने का प्रयास है। यह आज झारखंड पार्टी के अस्तित्व और बंगाल में आदिवासी लोगों के अधिकार की मान्यता के लिए आदिवासी आन्दोलन में भी दिखता है।

बिडवेल की रिपोर्ट

न्यायिक परामर्श, बंगाल।

पत्र संख्या 157, दिनांक 14 फरवरी, 1856

(सं., 827ए, ए.सी. बिडवेल, सन्ताल विद्रोह के दमन के लिए दिवंगत

विशेष आयुक्त (स्पेशल कमिश्नर) का पत्र, फोर्ट विलियम, बंगाल सरकार के सचिव के नाम।

भागलपुर, (दिनांक : 10 दिसम्बर, 1855)

श्रीमान, आपका भेजा गया पत्र, पत्र-संख्या 2777 दिनांक 9 अक्टूबर को मिला। आपका पत्र मेरे नाम से आना, मेरे लिए सम्मान की बात है। इस पत्र में मुझे जल्द से जल्द रिपोर्ट करने का निर्देश दिया गया है।

1. मैं सन्ताल विद्रोह के कारण का पता अभी तक नहीं लगा पाया हूँ।
2. विद्रोह को समाप्त करने के लिए मैं जिन उपायों की सिफारिश करूँगा, उन्हें बारिश के बाद लागू किया जाएगा।
3. भविष्य में इस तरह के विद्रोह को बढ़ने से रोकने के उपाय किये जाने हैं।

विद्रोह के कारणों का पता स्वाभाविक रूप से सबसे पहले विद्रोहियों के घोषणापत्रों के साथ-साथ उनमें से उन लोगों के बयानों से पता चलता है, जिन्हें बन्दी बना लिया गया और जिन पर मुकदमे चलाए गए।

राजमहल के निवासियों को सिदो द्वारा जारी किया गया नोटिस, ऐसा पहला घोषणापत्र है, जो पूरा है और जिसमें वह सब कुछ है जो उनके अन्य घोषणा पत्रों में है, परिशिष्ट 'ए' देखें। इसमें उल्लिखित शिकायतों में अधिकतर कर से सम्बन्धित हैं। कर से जुड़ी हुई पहली तरह की शिकायत में प्रत्येक बैल हल के लिए एक आना और प्रत्येक भैंस के लिए दो आना किराये का जिक्र किया गया है। इसमें साहबों की झूठ, लापरवाही, जबरन वसूली, भ्रष्टाचार और पुलिस-उत्पीड़न से देश को बचाने का जिक्र किया गया है।

मिस्टर एडन से पहले सिदो ने कहा कि उन्होंने और औरों ने मिस्टर पोंटेट से महाजनों के उत्पीड़न की बार-बार शिकायत की, लेकिन कोई सामाधान नहीं हो सका। ये महाजन एक रुपया उधार देने के बदले पाँच रुपये ब्याज लेते हैं और सन्तालों से चावल को अनुचित दर पर खरीदते हैं, और यदि वे नहीं देते हैं, तो उनके कान खींचकर लाया जाता है और पिटाई की जाती है। उनका किराया बढ़ा दिया गया है, और वसूली करने वाले नायब सेजवाल हर गाँव से 'सलेंस' के लिए दस या पाँच रुपये लेता है। रेलवे का एक साहेब दो सन्ताल महिलाओं को उठा ले

गया और एक सन्ताल को घायल कर दिया और एक को मार डाला। इन कारणों से सन्ताल असन्तुष्ट थे, और सोच रहे थे कि क्या किया जाए। जब एक भगवान एक गाड़ी के पहिये के रूप में उतरे, और उन्हें पोंटेट और महाजनों को मारने की सलाह दी तब उन्होंने न्याय किया।

एक अन्य कैदी पीटू पुरगुनैत का कहना है कि महाजन हम पर बहुत अत्याचार करते हैं। वे हमारे चावल को अनुचित दरों पर लेते हैं और हमसे बहुत अधिक ब्याज लेते हैं। हम इसकी शिकायत पोंटेट से करते हैं, जो मामले की जाँच के लिए नायब सेजवाल को परवाना देता है। नायब सेजवाल हमारे लिए कुछ नहीं करता है। यदि हम महाजनों को भुगतान नहीं करते हैं तो वे हमारी गायों और मवेशियों को जब्त कर लेते हैं। हम रुपये में चार आने का ब्याज देने को तैयार हैं लेकिन इससे ज्यादा नहीं। हम जो किराया देते हैं, वह न्यायसंगत है, उस सम्बन्ध में हमारी कोई गलती नहीं है। हम इसे स्वेच्छा से देते हैं। नायब सेजवाल जब किराया लेने आता है तो हर गाँव से तीन रुपये खर्चा-पानी लेता है, हम स्वेच्छा से दे देते हैं, लेकिन यदि महाजन आदेश देते हैं और प्रताड़ित करते हैं तो हमें शिकायत करने के लिए कोई जगह नहीं है।

एक अन्य कैदी मानिक सन्ताल का कहना है कि महाजनों की अति के कारण विद्रोह हुआ। नैनसुक के सिंह ने उसे चार रुपये उधार दिये और भुगतान में आठ रुपये लिया। उसने पोंटेट से शिकायत की, उन्होंने मामले की जाँच करने के लिए कालीपुरशाद के नायब सेजवाल को एक परवाना दिया। लेकिन नायब सेजवाल ने कुछ नहीं किया।

सन्ताल दुल्ला मांझी ने महाजनों और रेलवे के उन साहबों को जिन्होंने सीतापहाड़ी पर घोर अत्याचार किया, उनके उत्पीड़न को विद्रोह का जिम्मेदार ठहराया। साहेब (थॉमस) रात में मुसउल के साथ बाहर जाता था और सन्ताल औरतों का अपमान करता था और जबरदस्ती बकरियों, मुर्गियों और बच्चों को उठा ले जाता था। एक अवसर पर उसने एक बकरी ले ली, एक सन्ताल ने उसे वापस लेने की कोशिश की। दोनों उसे खींचने लगे, इसी बात पर साहेब या बुरकुरी दानजी जो उसके साथ था, उसने तलवार निकाला और सन्ताल को मार डाला। एक सन्ताल भागलपुर में इसकी शिकायत करने आया, लेकिन उलटे फँस गया, उसे जेल में डाल दिया गया। (मैंने इस मामले का रिकॉर्ड देखा है, निश्चित रूप से यह भागलपुर मजिस्ट्रेट द्वारा बहुत ही गलत तरीके से चलाया गया मुकदमा है।

शायद इस आधार पर कि उसे अस्पताल ले जाया गया था, यह अनुमान लगाया गया कि सन्ताल घायल हुआ था उसे किसी ने नहीं मारा था, शिकायत करने वाले को जेल भेज दिया गया। अपराधी सजा से बच गए।)

पुर्तू पुरगुनैत बताता है कि उससे सिदो और कानू ने कहा कि न्याय का वक्त आ चुका है, हाकिमों ने बहुत अधिक ब्याज लेने की गलती की है। भविष्य में एक बैल हल के लिए दो आना और 10 रुपये का ब्याज एक पैसा देना पड़ेगा।

उपरोक्त वजहें विद्रोह के कारणों को दिखाती हैं। इसे कैदियों के जवाबों से इकट्ठा किया गया था। इनमें से अधिकतर ने एक जैसा ही जवाब दिया। जबकि कुछ ने जवाब दिया कि यह चावल के लिए 'ठाकुर' का आदेश था, इतना उनके लिए पर्याप्त था।

मैंने जिले के प्रमुख जमींदारों और सज्जनों, जिनके व्यवसायों की वजह से उनका सन्तालों के साथ टकराव है, उनसे जानकारी हासिल करने के लिए सम्पर्क किया कि वे विद्रोह के कारणों के बारे में बता सकते हैं। उनके जवाब कुछ अलग हैं, जिसने मुझे अन्य स्रोतों को अपनाने के लिए प्रेरित किया।

पिछली जुलाई में मिस्टर ब्राउन द्वारा कैप्टन शेरविल से इस विषय पर उनकी राय पूछी गई, जवाब में उन्होंने कहा कि 1851 और उसके बाद के वर्षों में उनके द्वारा किये सर्वेक्षण ने उन्हें सन्तालों से सम्पर्क करने को प्रेरित किया। वह अपने परिवार के साथ उनके बीच निहत्थे बिना किसी भय के रहने लगे। लगभग सभी गाँवों का दौरा किया, लगभग हर मुखिया से बात की, उनके घरों की गिनती की, उनके इलाके का सर्वेक्षण किया और उनके बीच झपकी ली। उन्होंने उनसे हर सहायता पाई, जिसे वे सभी बड़ी खुशी से और अपनी इच्छा से करते थे।

उन्होंने उनके साथ रहने के दौरान किसी के खिलाफ कोई शिकायत नहीं सुनी। लेकिन जो महाजन उनसे अनाज और उनकी उपज खरीदते थे उनके ढीठ चेहरे देखकर अवाक् रह गए। उनके प्रति सन्तालों की घृणा को इस बात से समझा जा सकता है कि विद्रोह के दौरान उनके हत्थे चढ़ने पर उनमें से हर एक की हत्या सन्तालों ने कर दी।

कैप्टन शेरविल ने कहा कि दामिन की राजधानी बरहेट में लगभग 50 बंगाली व्यापारी थे, उससे 11 मील उत्तर में एक महत्त्वपूर्ण नगर बुरयों में और अधिक संख्या थी। इन्हीं दो स्थानों पर विद्रोह हुआ। और वह वास्तव में मानते हैं कि इन व्यापारियों द्वारा किया गया उत्पीड़न और अत्याचार काफी हद तक वर्तमान विद्रोह

का कारण रहा। विद्रोही प्रमुखों के हाथ मजबूत करने के लिए विद्रोह के साथ धर्म को मिलाया गया। सन्ताल अपने तरीके से एक अजीबोगरीब धार्मिक व्यक्ति हैं। उसके विचारों को शक्तिशाली मनोआ की आत्मा और गंगा द्वारा सहायता मिलती है, जिनका उनके सभी धार्मिक नृत्यों में सहारा लिया जाता है। इस दौरान स्वतंत्र रूप से इसका उपयोग करके सन्तालों को हिंसा के लिए प्रेरित किया जा सकता है।

कैप्टन शेरविल कहते हैं कि दामिन-ए-कोह में सन्ताल बेहतर कपड़े पहने हुए हैं, जो सरकारी की सीमा के बाहर हैं उनकी तुलना में इनके पास अधिक मवेशी और बेहतर घर हैं, और यहाँ वे कहीं भी बंगाली व्यापारियों के जाल में नहीं फँसे हैं, वे खुश और सन्तुष्ट हैं। उन्होंने हमेशा मिस्टर पोंटेट के नाम का जिक्र सम्मान और श्रद्धा के साथ किया है। और वे सन्तुष्ट हैं कि वर्तमान विद्रोह शुरू करने में उनका हाथ नहीं है।

नील की खेती में में लगे सज्जन व्यक्ति मिस्टर चार्ल्स बार्न्स इस जिले में कई वर्षों से कृषि कार्य से जुड़े हुए थे। उन्होंने अपना विचार दिया है कि विद्रोह शुरू होने की वजह धार्मिक कट्टरता है, वह यह नहीं मानते कि सन्तालों पर जमींदारों, पुलिस और महाजनों ने अत्याचार किया। ऐसा इसलिए क्योंकि उनका मानना था कि वह जंगल साफ करने में माहिर एक अहम रैयत (किसान) हैं, देनदारियों में समय के पाबन्द हैं। न तो वे बकाया रखेंगे और न किसी मजदूर से जबरदस्ती काम कराएँगे। उनको खास तौर से जमींदारों का संरक्षण मिला हुआ है। बहरहाल कुल मिलाकर वे स्वभाव से शान्तिप्रिय लोग हैं। वे कभी भी पुलिस-थाना में नहीं देखे गए। उनका आकलन बहुत सरल है, उन्हें शायद ही कभी महाजन का सहारा लेना पड़ता है और इसलिए उनके साथ उनका लेन-देन सीमित होना चाहिए। उनका मानना है कि जनजाति के कुछ लोगों ने अपने भाइयों की अज्ञानता और अन्धविश्वास का फायदा उठाते हुए उनके दिमाग में एक दैवी क्रान्ति का विचार पैदा किया कि उनके अपने काल्पनिक राज्य को फिर से हासिल करने के लिए उन्हें पुकारा जा रहा है। इसके लिए, सभी सन्तालों को सार्वजनिक रूप से गाँवों को लूटने और निचली जातियों को छोड़कर सभी का नरसंहार करने का आह्वान किया गया था। उनके राज्य की वसूली, भूमि का लगान और जोत पर लगान को बदला जाना था। ये आदेश उनकी जंगली प्रवृत्ति के अनुरूप थे, रक्तपात से उनका जन्मजात प्रेम शुरू से ही स्पष्ट था। उन्होंने अपनी क्रूरता को उन लोगों तक सीमित नहीं रखा जिन्होंने उन्हें घायल या नाराज किया था, बल्कि महिलाओं, बच्चे भिखारी और यात्री सभी के साथ क्रूरता

की। पीड़ितों में से बहुतों की हाथ-पैर बाँध कर ठाकुर के प्रतीक के सामने वैसे ही बलि दी जैसे हिन्दुओं द्वारा काली के सामने जानवरों की दी जाती है।

इस दौरान उनका एक ही उत्तर होता 'ठाकुर का आदेश है और इसका पालन किया जाना चाहिए,' सन्तालों में सबसे गरीब और शान्त माने जाने वाले मांझी और परगुनाइयों ने सबसे अधिक अत्याचार किये और उनका नेतृत्व किया। बहुतों को धोखा दिया गया था, यह कोई बड़ी बात नहीं है, लेकिन यह भी उतना ही स्पष्ट है कि जीवन की बेहतरी का अवसर मिलने के लालच में इस लूटपाट के मिले आदेश से वे खुश थे। हालाँकि मुझे लगता है कि मिस्टर बार्न्स उसी जानकारी के अभाव में हैं, जो इस मामले में पहले मेरे पास गलत जानकारी थी कि सन्तालों ने महाजनों के खिलाफ शिकायत नहीं की थी। जैसा कि वे एक बुद्धिमान पर्यवेक्षक के रूप में उस जगह पर बहुत लम्बे समय तक रहे, उनका नजरिया ध्यान देने योग्य है।

मिस्टर ड्रोसे जिनके व्यवसाय ने उन्हें सन्तालों के बीच ला दिया था, वह सन्तालों के बारे में कहते हैं कि मैं भारत में कहीं भी इतने खुले और दयालु स्वभाव के राष्ट्र से नहीं मिला। उनका उद्योग, उनकी दृढ़ता, आदेश के प्रति उनका प्रेम, उनकी मस्ती, उनकी जिज्ञासा और उनकी प्रसन्नता, आकस्मिक आगन्तुक के लिए उनकी प्रसन्नता खास है, ऐसा क्या हुआ जो इस तरह की जाति उग्र जंगली जानवर बन गई? उन्हें पता चलता है कि उनकी शिकायतें इस प्रकार हैं कि सरकार ने एक बेकार जमीन का किराया देने के लिए उन पर अधिक कर लगाया है। लेकिन सरकार को टैक्स का भुगतान किये जाने के बावजूद पेड़ों की उपज वाले जमीन पर अधिकारियों ने पहले से ही टैक्स लगाया हुआ है। वे बंगाली व्यापारियों को सन्ताल गाँवों में बसने के लिए उन्हें दिये गए प्रोत्साहन की शिकायत करते हैं, और मिस्टर ड्रोसे ने देखा है कि 'इन झूठ बोलने वाले बदमाशों को समझने के लिए यह समझना पर्याप्त है कि एक साधारण खुले दिल वाली प्रजाति के लिए उनकी शिकायतें क्या होनी चाहिए।' वे ज्यादातर शिकायतें सरकार द्वारा नियुक्त हिन्दू और मुसलमान दरोगा के लालच, निर्दयी और अपमानजनक व्यवहार की करते हैं।

वे कहते हैं कि सन्तालों में मजबूत भाईचारा है। यह बात लगभग 12 साल पहले, मिस्टर ड्रोसे ने समझा, पूरे सन्तालों को एकजुट करने की व्यवस्था की गई थी, दामूदाह के पास एक सन्ताल प्रमुख था, जिसका नाम मोर्गो राजा था। कहा जाता है कि वह लगभग 300 अनुयायी बनाने में सफल रहा। पिछले 12 वर्षों के भीतर, शपथ लिये अनुयायियों को सभी सन्तालों को भाईचारे के रूप में एकजुट

करने के निर्देश दिये गए हैं। वे सन्तालों के बीच बिखरे हुए हैं और अपने प्रमुख के निर्देशों के तहत काम करते हैं। मैंने जो कुछ भी सुना है, उससे मुझे विश्वास हो गया है कि वे रोमिश चर्च में जेसुइट्स की तरह एक गुप्त, सक्रिय और आज्ञाकारी एजेंसी के रूप में काम करते हैं।'

इस बगावत में सैसाइड के एक या एक से अधिक अमीरों के शामिल होने को लेकर मजबूत सन्देह पैदा हो गया है। लेकिन मुझे अभी तक मिस्टर ड्रोसे के इस नजरिये का समर्थन करने के अलावा और कोई रास्ता नहीं दिखा।

मिस्टर आई. ग्रांट, एक यूरोपीय जमींदार जो लम्बे समय से जिले के निवासी हैं, वे नायब सेजवाल के अवैध उत्पीड़न को असन्तोष की भावना के बढ़ने की वजह बताते हैं, जिसने सिदो जैसे अन्य आदमियों को आग में घी डालने का मौका दे दिया, इसके बाद के दुखद परिणाम सामने आए। उनका महाजनों के उत्पीड़न पर विचार नहीं करना आसपास के लोगों के लिए विद्रोह का कारण हो सकता है। पेरगुनाओं को उन्हीं माँगों को मानने के लिए मजबूर किया जाता है जो उधार लेने के लिए और महाजनों को उधार देने के लिए होती हैं।

मिस्टर ग्रांट को वर्ष 1854 में हुई डकैती के बारे में जानकारी नहीं थी। न ही सन्तालों द्वारा विभिन्न न्यायालयों में प्रस्तुत की गईं महाजनों के उत्पीड़न की शिकायत करने वाली कई याचिकाओं की।

जिले के बाबू गिरधारी कोल, सरकार, वकील और जमींदार विद्रोह का श्रेय कट्टर स्वभाव वाले जनजातियों को देते हैं, जिन्होंने अपने समुदाय के कुछ कुख्यात बदमाशों को विद्रोह में शामिल किया। जो शराब की लत के कारण गरीब हो गए थे, उन्हें यह बताकर विद्रोह में शामिल किया गया कि उनके राज करने का समय आ गया है। उन्हें कहा गया कि भगवान ने सिदो को खुद यह आदेश दिया है कि सबको मार डालो और सबको लूट लो। वे पहले तो इस तरफ की सरकारी टुकड़ियों के बारे में पता लगाकर बैठक करते थे, इस दौरान वे अपने प्रमुखों की बातों पर विश्वास करते थे। यदि विद्रोह शुरू होने पर सैनिक उपलब्ध होते, तो हजारों लोगों की जान और बहुत-सी मूल्यवान सम्पत्ति बच जाती।

पाकुड़ की रानी क्षेमासुन्दरी के प्रतिनिधि ने विद्रोह के लिए महाजनों के उत्पीड़न और कुछ रेलवे कर्मचारियों के अनुचित आचरण को जिम्मेदार ठहराया, जिन्होंने उनकी महिलाओं का अपमान किया और रेलवे में कार्यरत सन्तालों को भुगतान करने से इनकार कर दिया। इस घटना ने सिदो को मजबूत बनाया,

उसने धार्मिक कट्टरता की उत्तेजना के माध्यम से विद्रोह में पूरे समुदाय को इकट्ठा किया।

महेशपुर के राजा ने, जमीन का लगान बढ़ाकर सन्तालों से महाजनों की जबरन वसूली, रेल प्रबन्धकों का उत्पीड़न और कड़ी मेहनत कराकर बहुत कम भुगतान के कारण उपजे असन्तोष को विद्रोह की वजह बताया। इस असन्तोष ने सिदो द्वारा देवता के नाम पर लगाई आग में घी डालने का काम किया। उसने उन्हें हथियार उठाने और लोगों को देश से बाहर निकालने के लिए कहा।

श्रीकोंडा में तैनात रेलवे विभाग के एक बहुत ही बुद्धिमान इंजीनियर मिस्टर टायलर के पास से विद्रोह शुरू हुआ था, उन्होंने बताया कि उन्होंने सन्ताल जनजाति का एक समझौता देखा था।

रेलवे अधिकारी, मिस्टर पोंटेट, पुलिस और महाजन इन सभी पर विद्रोह की वजह बनने का आरोप है। अपनी स्थिति और सन्तालों के साथ अच्छी समझ से मैं पूरी तरह से निश्चिन्त हूँ कि यूरोपीय लोगों की ओर से उत्पीड़न का कोई कारण नहीं है। रेलवे में जो कुछ भी हुआ उसके बारे में मुझे जानकारी नहीं है, और मुझे विश्वास नहीं होता कि ऐसा कुछ भी हुआ है।

मेरा मानना है कि किसी भी यूरोपियन कर्मचारी द्वारा सन्तालों को कम वेतन दिये जाने या उनकी किसी महिला को जबरन उठा ले जाने का कोई मामला सामने नहीं आया है।

मिस्टर टायलर कहते हैं कि रेलवे लाइन पर काम करने के लिए बहुत कम सन्तालों को प्रेरित किया जा सकता है, इसलिए नहीं कि उन्हें काम का कम भुगतान किया जाता था, बल्कि इसलिए कि वे आम तौर पर इतने ठीक-ठाक थे कि वे शराब पीना, नाचना और मनोरंजन पसन्द करते थे। उन्होंने अक्सर सन्तालों को मिस्टर पोंटेट के बारे में बात करते सुना है, लेकिन उन्होंने कभी भी उनके खिलाफ कोई शिकायत या बहुत अधिक किराया देने की शिकायत नहीं सुनी, वास्तव में वह हमेशा समझते थे कि उन्होंने दामिन में जमीन के लिए बहुत कम भुगतान किया है। और यह कि उन्होंने पंचायत द्वारा स्वयं किराया तय किया और मिस्टर पोंटेट वास्तव में वही लेते हैं जो तय हुआ है।

यह अपेक्षा थी कि सेना को नागरिक शक्ति से स्वतंत्र रूप से कार्य करना चाहिए, लेकिन केवल सैन्य अभियानों की प्रकृति पूरी तरह से सैन्य कमांडरों के हाथों में होनी चाहिए, 'इस वजह से नागरिक और सैन्य अधिकारियों के बीच

गलतफहमी हुई।' और भारत के गवर्नर ने लेफ्टिनेंट गवर्नर को मार्शल लॉ घोषित करने की अनुमति देने से भी इनकार कर दिया। हालाँकि, एक महीने के भीतर, देश के उत्तर भागलपुर की ओर विद्रोहियों को खदेड़ दिया गया था और दक्षिण-वार्ड, और दक्षिण में कुछ हिस्सों में शान्ति बहाल कर दी गई थी। लेकिन अभी भी हथियार से लैस 30,000 आदमी थे, हर उलटफेर के बाद वे जंगल में शरण लेते थे, बारिश के दौरान उन्हें वहाँ से निकालना मुश्किल था। स्थानीय सरकार ने एक घोषणा जारी की, जिसके तहत उन सभी लोगों को क्षमा-दान की पेशकश की गई, इसके तहत उनके नेताओं और जिन्होंने हत्या की थी उनके अलावा जो भी 10 दिन के भीतर आत्मसमर्पण कर दें। इस अपील को कमजोरी के तौर पर लिया गया और सितम्बर में विद्रोहियों ने विद्रोह को नये सिरे से अंजाम दिया। महीने के अन्त तक देवघर से जिले की दक्षिण-पश्चिमी सीमा तक पूरा इलाका उनके अधिकार में था। एक दिशा में सन्तालों की एक सेना पूरे जिले में 3,000 हो गई और दूसरी ओर उनकी संख्या 7,000 हो गई। हालाँकि, ठंड के मौसम की शुरुआत में सैनिकों को अधिक प्रभाव के साथ मैदान उतारा गया और 10 नवम्बर को मार्शल लॉ घोषित किया गया। यह निर्देश दिया गया था कि सरकार से खुली दुश्मनी करने वाले या हथियारों से विद्रोह करने के खिलाफ कोर्ट मार्शल द्वारा मुकदमा चलाया जाना चाहिए और अगर दोषी पाया जाता है, तो उसे तुरन्त मार दिया जाना चाहिए। एक बड़ी सेना अब पूरे इलाके में फैल गई, जिसका सन्तालों ने बहुत कम विरोध किया। वे सैनिकों के घेरे को तोड़ने में असमर्थ थे, कुछ जगहों पर 12,000 से 14,000 मजबूत सन्ताल भूख और बीमारी से कमजोर हो गए थे। घोषणा और सैनिकों की गतिविधि का संयुक्त प्रभाव जल्द ही दिखने लगा था।

खुले इलाके से बाहर निकालकर, सन्तालों को वापस जंगलों में ले जाया गया, और उनके कई नेताओं को पकड़ लिया गया, जिनमें खानू भी शामिल था, जिसे जामताड़ा के उत्तर-पूर्व में कुंजरा के पास वहाँ के कर्जन चौवाल द्वारा कैदी बना लिया गया था। अन्ततः 3 जनवरी, 1856 तक शान्ति बहाल कर दी गई। भारत सरकार अब आगे मार्शल लॉ को स्थगित करने में सक्षम थी। इसके बाद भी कुछ विद्रोह हुए, लेकिन विद्रोहियों को पूरी तरह से तोड़ दिया गया। विद्रोह डर और ठंड के मौसम के कारण समाप्त हो गया।

विद्रोह के कारण के बारे में मिस्टर टायलर की राय यह है कि पिछले कुछ समय से आलसी और शराबी जीवन जीने के कारण सन्ताल, बहुत ही उत्तेजित

अवस्था में आ गए थे। उनके नेता ने यह सोचकर कि सेना की टुकड़ी आने से पहले बहुत कुछ किया जा सकता है, इलाके को लूटने की योजना बनाई और उनके अन्धविश्वासों पर काम किया। उन पर ठाकुर की कहानी थोपते हुए उन्हें ऐसा करने का आदेश दिया।

उपरोक्त सम्बन्ध में आस-पड़ोस के ऐसे जमींदारों और सज्जनों की राय है, जिन्होंने मेरी सहायता की है। मैं पिछले 10 सालों से दामिन के सम्बन्ध में विशेष रूप से मिस्टर पोंटेट की रिपोर्टों को देखने में लगा हुआ हूँ।

विद्रोह के कारण के बारे में अपनी राय दर्ज करने से पहले, मैं पिछले 20 वर्षों के दामिन-ए-कोह के प्रशासन का एक संक्षिप्त विवरण दूँगा। यह ट्रैक जिसके प्रति सरकार जागरूक है, जो राजमहल हिल्स कहलाती है, यह जमीन जो जिले की बन्दोबस्त के दसवर्षीय रिकॉर्ड में शामिल नहीं थी, उस जमीन को सरकारी घोषित कर दिया गया। वर्ष 1823 में सम्पत्ति और उसकी सीमाओं को तय करने और उनका सीमांकन करने के लिए कई वर्षों तक एक विशेष अधिकारी को लगाया गया था। इस ट्रैक में शामिल कृषि योग्य भूमि पहाड़ी लोगों के लिए आरक्षित थी, लेकिन वर्ष 1827, 31 अक्टूबर में बोर्ड ने मिस्टर वार्ड की सिफारिश का समर्थन किया कि अन्य समुदायों को इस जमीन पर खेती करने के लिए प्रवेश दिया जाना चाहिए। जंगलों की सफाई अगर पहाड़ी लोगों पर छोड़ दी जाए तो यह कभी नहीं होगी, जैसा कि जंगल की जमीन पर खेती के लिए बड़े पैमाने पर सन्ताल जाति के लोगों को लगाया गया था और दमन में उन्हें उसी तरह खेती के काम में लगाने में कोई सम्भावित आपत्ति नहीं थी।

हालाँकि सरकार ने उत्तर दिया कि परिषद में उनका प्रभुत्व था, प्रस्ताव से हटने को तैयार नहीं थे, अन्त में सरकार को मानना पड़ा कि दमन की जमीन को पहाड़ी जातियों की खेती को प्रोत्साहित करने के लिए खास तौर से आरक्षित रखना चाहिए। पहाड़ी जातियों के उम्मीदों पर खरा न उतरने की स्थिति में सरकार के पास विकल्प होगा कि अपनी योजना को बदलने के लिए और अपनी भूमि सुधार के लिए अन्य समुदाय को देखे।

इन निर्देशों को निरस्त करने का कोई सरकारी रिकॉर्ड नहीं है, बल्कि सन्तालों ने धीरे-धीरे दामिन की धरती पर खुद को स्थापित किया। और 1830 में सरकार ने स्थानीय अधिकारियों को किसी भी माँग से बचाने के लिए उन्हें उनके अस्तित्व को मान्यता दी।

जंगल को साफ करने के एकमात्र साधन के रूप में इन जमीनों पर बसने के लिए सन्तालों को प्रोत्साहित करने के लिए स्थानीय अधिकारियों की बार-बार सिफारिशों के बाद सरकार ने 21 नवम्बर, 1836 को दामिन-ए-कोह के अधीक्षक और कलेक्टर मिस्टर डनबर के लिए एक विशेष अधिकारी मिस्टर पोंटेट को नियुक्ति के लिए सहमति दी। उन्हें बताया गया कि उनका कर्तव्य सन्तालों के माध्यम से दामिन की खेती लायक जमीन को खेती के तहत लाना है, इसके लिए बेहतर प्रयास करें, और इसे जल्द से जल्द प्रभावी किया करें, उन्हें न केवल दामिन पर बसे लोगों को सुरक्षा प्रदान करनी चाहिए, बल्कि खाली जमीन पर नये बसने वालों को भी प्रोत्साहित करना चाहिए।

सन्तालों को बसाने को लेकर हतोत्साहन से लेकर प्रोत्साहन तक के सफर में, वर्ष 1837-38 से 1854-55 तक दामिन की जमीन से प्राप्त राजस्व के निम्नलिखित विवरण इस परिवर्तन के परिणाम को दर्शाते हैं—

दामिन-ए-कोह से प्राप्त राजस्व के वर्ष-वार रसीद

वर्ष	राशि (रुपये में)	वर्ष	राशि (रुपये में)
1837/38	6682	1846/47	36407
1838/39	7798	1847/48	39905
1839/40	10644	1848/49	40947
1840/41	20074	1849/50	43724
1841/42	20997	1850/51	47665
1842/43	22372	1851/52	50160
1843/44	25450	1852/53	51825
1845/45	28002	1853/54	53455
1845/46	32430	1854/55	58033

इस परिणाम को मिस्टर पोंटेट के प्रशंसनीय प्रबन्धन को श्रेय देने का फैशन हो गया है। लेकिन मैं इसका श्रेय प्रबन्धन से परे सरकार की जनजातियों के बसने के लिए प्रोत्साहन की नीति और आकर्षक गुणवत्ता वाली मिट्टी को देता हूँ। इसके साथ की एक सार्वजनिक अधिकारी के तौर पर जब मैं मिस्टर पोंटेट की योग्यता

ध्यान दूँ, तो मैं उनके साथ अन्याय नहीं कर पाऊँगा।

मिस्टर डनबर ने कहा कि जब उन्होंने सन्तालों और भूयनों (एसआईसी) द्वारा बसाए गए 427 गाँवों के बारे में लिखा था, तो उन्होंने सोचा था कि सन्तालों की संख्या बहुत सीमित थी, जिन्हें बसने के लिए बहुत ही मध्यम स्तर पर प्रेरित किया जा सकता था, लेकिन वे जमीन की सीमा पर थे, और वे पहले ही बड़ी संख्या में बिन बुलाए खुद बस रहे थे। 'वे सबसे ज्यादा मेहनती और शान्तिप्रिय लोग हैं। उन मजदूरों के प्रचंड उत्साह से जंगल में मंगल हो जाता है। मिस्टर डनबर कहते हैं कि उनकी उपज आम तौर पर दैनिक बाजार मूल्य से काफी कम दर पर महाजनों को दी जाती थी, जिन्होंने उन्हें सीजन की शुरुआत में पहले ही दिया होता था, या उन डीलरों को बेचा जाता था जो अनाज खरीदने के उद्देश्य से दामिन में आते थे।

उनकी नियुक्ति के समय से विद्रोह की तारीख तक मिस्टर पोंटेट के प्रबन्धन को कलेक्टर, आयुक्त और बोर्ड की अपरिवर्तनीय स्वीकृति प्राप्त हुई। ऐसा लगता है कि सन्तालों ने पहले से ही इस ट्रैक में बसने के लिए तत्परता दिखाई थी, और उनके अत्यंत विनम्र और सीधे चरित्र को देखते हुए, रैयत के रूप में थोड़ी जल्दबाजी में स्वीकृति दी गई थी।

पिछले 10 वर्षों के दौरान दामिन को लेकर की गई पत्राचार को ध्यान से देखने के अलावा, मैंने उन सभी शिकायतों को देखा है जो मुझे मजिस्ट्रेट, कलेक्टर एवं कमिश्नर द्वारा भेजी गई। इनमें पिछले दो वर्षों में स्थलों के सारे मसले हैं।

जैसा कि मैंने पहले कहा था कि मुझे पत्र-व्यवहार के किसी भी हिस्से में अधिक कर लगाने का कोई लक्षण नहीं दिखता है। मिस्टर पोंटेट का विवादों से निपटने का तरीका विवेकपूर्ण था, "मेरे सामने दोनों पक्ष थे और पंचायत द्वारा देय राशि का निपटारा किया गया था।" लेकिन मुझे उनकी रिपोर्टों में शुरुआती तौर पर महाजनों के उत्पीड़न से सन्तालों की पीड़ा के बारे में सूचना मिलती है, मुझे लगता है कि उन्होंने आगे और अधिक उत्पीड़न किया होगा। सन् 1847 (1 नवम्बर) में 1527 के अधिनियम के प्रावधानों को सन्तालों के साथ ही पहाड़ी लोग तक विस्तारित करते हुए, सन्तालों और मैदानी इलाकों के मूल निवासियों के बीच 100 रुपये तक के दीवानी मामले को मजिस्ट्रेट को अधिकार क्षेत्र में दे दिया गया। वह कहते हैं, "यदि सन्तालों को मुंसिफ के न्यायालयों के समक्ष अपने मुकदमे चलाने के लिए छोड़ दिया जाता है, तो यह असम्भव है कि वे मैदानी इलाके के लोगों की चतुराई और छल का मुकाबला कर सकें।"

अगस्त 1848 में उन्होंने कहा, "सन्तालों की अज्ञानता से बचाव के लिए तीन गाँवों ने मुंसिफ के न्यायालय में केस किया था वे महाजनों के जुल्म के चलते फरार हो गए।" वह आगे कहते हैं, "मुझे पूरा विश्वास है कि निश्चित रूप से राशि के सम्बन्ध में पूरा मामला झूठ है। लेकिन कुछ मामलों में मुझे यकीन है कि पूरे कर्ज का दस गुना चुका दिया गया था। इन गरीब साथियों के पढ़ने या लिखने में सक्षम नहीं होने के कारण, उनके भुगतानों को चिह्नित करने के लिए बंगाली में कोई भी जाँच नहीं होती, और जैसा कि जब पूरा भुगतान किया जाता है तो बंगालियों के दिये रसीद की उन्हें कोई जानकारी नहीं है।" मिस्टर पोंटेट सुझाव देते हैं कि यदि रीजन के अधिनियम 1827 की धारा 3, के प्रावधानों को सन्तालों पर लागू नहीं किया जा सकता तो उन्हें सन्तालों के खिलाफ मामलों की सुनवाई के लिए मुंसिफ के न्यायालय में एक मुख्तार नियुक्त करने के लिए अधिकृत किया जाना चाहिए।

22 मई, 1849 की अपनी रिपोर्ट में, मिस्टर पोंटेट कहते हैं, 'छोटे महाजनों के खिलाफ रैयतों पर अपने टट्टुओं को चराने की शिकायत मिली, कलेक्टर से यही शिकायत इस उम्मीद से की गई कि वे दोषी पक्ष को दंडित करेंगे।'

मई 1851 में उन्होंने कहा, 'पिछले सालों में मेरे द्वारा किये उपायों जिससे मैंने सभी पक्षों की सहमति से मामले निपटाए, उसकी तुलना में 'महाजनों के खिलाफ बड़ी शिकायत मजेदार है और उसके लिए बड़े उपाय किये जा रहे हैं। यह उत्पीड़न एक कठिन समस्या है, और मेरे पास जो सीमित शक्ति है, उससे शायद ही ठीक किया जा सकता है। मैं केवल पक्षों को बुला सकता हूँ, उन्हें समझा सकता हूँ और धमकी दे सकता हूँ कि यदि वे बाज नहीं आए तो उन्हें दामिन से निकाला जा सकता है।'

1853 में पिछले कार्यकाल पर अपनी रिपोर्ट में, उन्होंने छोटे महाजनों के खिलाफ प्राप्त कई याचिकाओं पर ध्यान दिया, जिसमें उन्होंने पाया कि महाजन हमेशा अशिक्षित सन्तालों से अवैध तरीके से फायदे उठाते थे।

15 मई, 1854 की अपनी रिपोर्ट में मिस्टर पोंटेट ने 'सर्वेंट्स ऑफ द रेलरोड इम्प्लॉइस' के कर्मचारियों के मुर्गियों और बच्चों को अपने कीमत पर लेने के छोटे-मोटे उत्पीड़न की शिकायतों पर ध्यान दिया। महाजनों ने बाशिंदों को मुंसिफ के कोर्ट में ले जाकर और उनके मवेशियों पर उनका हक हटाकर उन्हें क्षति पहुँचाई है। इससे पहले रैयत के बारे में भी ऐसा सुनने में आया है।

उस वर्ष की डकैती के कारण के बारे में कलेक्टर को रिपोर्ट करते हुए, मिस्टर

पोंटेट ने 5 जुलाई, 1854 को लिखा, 'पिछले सीजन में जब मैंने दामिन का दौरा किया, तो सन्तालों ने मुझसे आमतौर पर महाजनों द्वारा किये गए उत्पीड़न, बहुत अधिक ब्याज लेने और अनाज को लगभग अपनी शर्तों पर लेने की शिकायत की थी। जब भी कोई ज्वलंत मामला मेरे संज्ञान में आता है, तो मैं अक्सर अपने रैयतों को बचाने की कोशिश करता हूँ। लेकिन जब मैं अप्रैल में अपने स्टेशन पर वापस आता हूँ, तो देखता हूँ कि मुंसिफ की अदालत चल रही है, और ज्यादातर मामलों में फरमान सुनाए जा रहे हैं, अभागे रैयत का घर और मवेशियों को बेच दिया जाता है, और इस तरह कानून की भीख माँगने का कानूनी फैशन कम कर दिया जाता है।

28 मई, 1855 की अपनी रिपोर्ट में मिस्टर पोंटेट महाजनों के उत्पीड़न की ओर फिर से लौटते हैं और कहते हैं कि उनकी बही-खाते की जाँच करने पर हमने पाया कि वे आठ आने के उधार पर 50 प्रतिशत ब्याज वसूलते थे, और उन्होंने इस अवैध 'आरोप' को झुठलाते हुए, स्टाम्प पेपर पर बांड भरवाया था।

पिछले 10 वर्षों के पत्राचार में मुझे विद्रोह के कारण से सम्बन्धित यही सब विचाराधीन बिन्दु मिले हैं। अब मैं जिले के विभिन्न कार्यालयों से मुझे भेजी गई याचिकाओं के बारे में बताऊँगा।

मिस्टर पोंटेट द्वारा मुझे भेजी गई याचिका में पिछले दो वर्षों के भीतर सन्तालों ने 24 और 1855 में 67 याचिकाएँ डाली थीं। 1854 के मामले में रैयत द्वारा बेदखली और किराये का भुगतान नहीं किये जाने के सम्बन्ध में पन्द्रह शिकायतें हैं, बाकी 9 शिकायतें महाजनों के उत्पीड़न के खिलाफ हैं। उत्पीड़न के आरोप के मामलों में आमतौर पर दोनों पक्षों को आमने-सामने बैठाकर स्पष्ट रूप से न्यायसंगत तरीके से विवाद का निपटारा किया जाता था। लेकिन हालाँकि मिस्टर पोंटेट अपने कई पत्रों में महाजनों के खिलाफ सन्तालों की रक्षा के लिए अपनी सीमित शक्ति की शिकायत करते हैं। मैं देखता हूँ कि वे असाधारण शक्तियों का प्रयोग करते हैं, जो एक मामले में उचित है लेकिन इसका इस्तेमाल सन्तालों के लाभ उठाने के लिए किया जा सकता था। दुमका के नायब सेजवाल के रिपोर्ट पर पिछले मई में रैयतों को कर्ज के लिए अपने मवेशियों को महाजनों के यहाँ गिरवी रखना पड़ा जिसके कारण रैयतों ने मोंजाह कुलगुट्टी को छोड़ दिया। मिस्टर पोंटेट, अक्सर खुद को सन्तोष देते हुए कहते हैं कि इस तथ्य की पुष्टि की गई थी कि नायब सेजवाल को महाजनों से सरकारी राजस्व की वसूली करने का आदेश दिया गया था। मौजा कोनैदीही की रैयत से बुक्या के मामले में भी ऐसा ही आदेश पारित किया गया था।

फिर जब बौधुन राय ने यह याचिका दायर की कि सेक्ताराम महाजन उनके रैयतों से पाँच रुपये की कीमत का तिल लेकर भाग गया, इसलिए उसे उस जगह से निकाल दिया गया है, और उनकी तरफ से उसके पास पाँच रुपये बकाया रह गया है, और वे चाहते हैं कि इसका भुगतान करने के लिए महाजनों को बुलाया जाए, तो इस पर 20 जुलाई, 1854 को आदेश दिया गया कि महाजनों को याचिकाकर्ता की बकाया राशि का सरकारी राजस्व से भुगतान करना चाहिए। और यदि रैयतों का उन पर कोई बकाया है तो उसे वसूला जा सकता है।

1855 के दौरान किये 67 मामलों में आधे से अधिक शिकायतें महाजनों के अत्याचार के खिलाफ हैं। महाजनों ने मिस्टर पोंटेट से आम तौर पर उस आरोप से इनकार कर दिया, जिन आरोपों पर उन्हें सन्तालों को पीड़ित करने के लिए दामिन से बाहर किये जाने की चेतावनी दी गई थी।

एक बार कानू मांझी परगुनाइत और अन्य लोगों ने दुमका के नायब सेजवाल किशन जेनम सिंह के खिलाफ शिकायत की कि उसने 7 नवम्बर को अपने खुद के खाते में प्रत्येक मौजा से 6 रुपये की उगाही की है, शिकायत पर मिस्टर पोंटेट ने मुफस्सिल में अपने गवाहों को पेश करने का आदेश दिया, लेकिन बाद में दिखाया गया कि यह याचिका कार्यवाहक नायब सेजवाल ने लगाई थी और इसे रद्द कर दिया गया। इस मामले में मुझे लगता है कि अधीक्षक द्वारा त्वरित और सख्त कार्यवाही से शिकायत की सचाई का पता लगाया गया होगा। यह भी सम्भावना है कि यह कार्यवाहक नायब सेजवाल द्वारा सुझाया गया हो।

मिस्टर पोंटेट अक्सर सरकार के उन आदेशों का हवाला देते हैं जो दामिन में सन्तालों के अलावा किसी अन्य के बसने पर रोक लगाते हैं, और इस आधार पर उत्पीड़न के आरोपी महाजनों को निष्कासन की धमकी देते हैं। मुझे सरकार का ऐसा कोई आदेश रिकॉर्ड में नहीं मिलता है, लेकिन मुझे ऐसा लगता है कि यदि मिस्टर पोंटेट ने वास्तव में शोषण करने वाले एक या दो कुख्यात महाजनों को निष्कासित कर दिया होता तो इसकी वैधता अन्य कार्यवाही से अधिक सन्दिग्ध नहीं होती, और यह व्याप्त घोर उत्पीड़न को रोकने का सबसे अच्छा प्रयास होता।

कलेक्टर द्वारा भेजी गई याचिकाओं में ज्यादातर, छोटे सीमा अधिकार के विवादों को निपटाने की महत्त्वहीन शिकायतें हैं। हालाँकि दिग्गी के नायब सेजवाल महेश दत्त द्वारा जबरन वसूली और उत्पीड़न के खिलाफ सामू मांझी और 8 अन्य लोगों ने एक गम्भीर शिकायत की। उन्होंने शिकायत की कि वह कुछ रैयतों से

4 रुपये, कुछ से 5 रुपये और कुछ से 2 रुपया लेता है। याचिकाकर्ता अनुरोध करते हैं कि कलेक्टर खुद इसकी जाँच कर सकते हैं। हालाँकि कलेक्टर ने इसकी जाँच के लिए मिस्टर पोंटेट के पास भेजा, उन्होंने इसे मुफस्सिल में लाने का आदेश दिया। बाद में उन्होंने याचिकाकर्ताओं को आदेश दिया कि वे 20 और 21 तारीख को बुचरूगंज में उनके समक्ष उपस्थित हों।

जब याचिकाकर्ताओं को मिस्टर पोंटेट के सामने लाया गया तो सभी याचिकाकर्ताओं ने इनकार कर दिया कि शिकायत उनके द्वारा की गई थी। मिस्टर पोंटेट ने फिर मामले को कलेक्टर के पास भेजा ताकि शिकायत करने वालों को दंडित किया जा सके। लेकिन कलेक्टर ने पूछताछ करने के बाद उनकी शिकायत वास्तविक होने की बेहतर वजह पाया, भले ही अब उन्होंने मनाने से इनकार कर दिया हो। उन्होंने 19 अप्रैल, 1854 को इस केस की फाइल को बन्द कर दी।

मेरी राय में कलेक्टर को खुद मामले की जाँच करनी चाहिए थी, लेकिन जब मिस्टर पोंटेट ने पाया कि यह उनके पास स्थानान्तरित हो गया है, तो उन्हें पता होना चाहिए था कि उनके पास सचाई का पता लगाने का एकमात्र मौका, बिना एक दिन गँवाए मामले की पूरी तरह से छानबीन करने का था। उन्होंने ऐसा नहीं किया।

मिस्टर पोंटेट का 30 सितम्बर को लिखे पत्र संख्या 130 में मुझे यह मानने का आधार मिला कि नायब सेजवालों द्वारा जबरन वसूली की प्रशंसा नहीं की गई थी। इस तरह की कुछ शिकायतों को प्राथमिकता दी गई थी, लेकिन जब आदमियों (शिकायतकर्ताओं) ने देखा कि उनकी शिकायतें अधिकारियों द्वारा ठीक से नहीं देखी जा रही हैं तो वे दुबारा उत्पीड़न की डर से सामने नहीं आए। मिस्टर ब्राउन ने अपने पत्र संख्या 1514, दिनांक 15 अक्टूबर में ऐसी ही टिप्पणी की है, 'सेजवाल के खिलाफ बहुत कम आरोप लगाए गए हैं।'